JN191096

図書館のための和漢古書目録法入門

伊藤洪二

樹村房

はじめに

和古書・漢籍に関する入門書というのは、すぐれた書籍がいくつも出ていますので、わたしのような一カタロガーが何か書くというのはまったくおこがましい話です。ただ、それらの書籍は書誌学者・研究者の方が書いたものですので、図書館の通常業務において、洋書を含む現代書と同じ目録システム上にデータを作成・格納するという、現実にニーズとして存在する作業に直接生かすのにむつかしい部分があるというのも事実かと思います。

学問としての「書誌学」は分析的書誌学（analytical bibliography）と呼ばれ、これと対比される列挙的書誌学（enumerative bibliography）は、図書館作業者が日常的に従事している「目録作成技法」であって、厳密にいえば「学」ではありません。そもそも「書誌学」のありかたとして、他の本と比較してはじめていろいろなことがわかるわけで、手元の本1冊だけで調査が完結するということ自体がまずありません。

「書誌学」の知見を生かすには、その方法論における書物の外形的な捉えかた（形態書誌学）を反映させた記述の枠組みを用いることがほんらい必須です。日本では、国文学研究資料館や東京大学東洋文化研究所附属東洋学文献センター等で専用のデータシートが用意され、それを元にしたデータベースが構築されてきましたが、そうしたデータシートや書誌調査カードは、日本目録規則（NCR）とは基本的にまったく別個の発想で作られているものです。NCRの策定や図書館システムの構築にあたっても、図書館界と書誌学の世界とはほぼ没交渉に近かったようで、NCRの改正にあたっても、これまでの「書誌学」の蓄積は、断片的なかたちでしか取り入れられていないというのが実態と言えます。

本書では、NCRに関する知識は持っているが和古書・漢籍についてはよく知らないという方——具体的には、図書館や関連企業等でカタロギング業務にかかわっている方や、図書館学を学んでいる学生、あるいは図書館での和漢古書目録作成のアルバイトに入られる院生の方——などを念頭に、図書館現場での目録作成において、①研究ではなく業務として、②専用のデータベースにではなくNCRに準拠した図書館システムに、③いわゆる記述の精粗の第二レベル程度で記述するのに、知っておいたほうがよいと思われることを、NCRの規定を確認しながら述べています。和漢古書の目録をNCRで作成すること自体の当否の議論は措いて、こうした立ち位置で書かれたものというのはこれまでなかったと思いますので、あえて一書としてまとめた次第です。不備の点ご海容いただければ幸いです。

なお、本書は株式会社図書館流通センター（TRC）のウェブサイト内の「データ部ログ」に、2012年より断続的に掲載していた内容をもとにしたものです。社内の先輩・同僚諸氏や、コメント等をお寄せいただだいた内外の関係者の皆さんに心より感謝いたします。また、図版の選定にあたっては、国立国会図書館「リサーチ・ナビ」の「二次利用がしやすいデジタルアーカイブ（国内）」のサイトを参照しました。所蔵館を記していないものはすべて著者架蔵のものです。

本書の出版にあたっては、株式会社樹村房の大塚栄一社長および編集を担当いただいた石村早紀氏にたいへんお世話になりました。あつく御礼を申し上げます。

２０１９年10月１日

伊藤　洪二

目次

第1章　「和装」「和本」「和書」

和漢古書のデータ作成には、現代書のデータ作成とは全く異なった観点や知識が要求されるものであり、実に奥深く興味深いものです。まず、基本的なタームである「和装」「和本」「和書」の定義から押さえておきましょう。

和装本

よく勘違いされますが、「和漢古書」イコール「和装本」というわけではありません。これらは実のところ、まったく別の概念です。和漢古書でない和装本というのはいくらでもありますし、和漢古書だけれども和装本ではない、という場合もあるのです。

図書館では、明治以降であろうと江戸以前であろうと、一緒に「和装本」として管理されていることも多いかと思います。保管の観点からすれば、もちろんそのほうが合理的ではあるのですが、しかしながら、明治以降に刊行された和装本については、基本的にふつうの本と同じように目録作成してよいのに対し、江戸時代以前の古い本となると、これから見ていくように、同じルールで目録をとることは不適切です。

また、明治以降のものでも、蔵書印や書き入れなど、一点一点ごとの、そして和装本のコレクション全体の中で意味を持つ情報があることもよくあります。そうした資料はやはり現代書とは区別して、和漢古書として個別にデータを作成したほうが適切であると言えます。

「和装」というのは「洋装」に対する言葉で、ネットで検索すると着物関係のページが多くヒットしますが、もちろんここでは服装のことではありません。本の装丁のしかたとして、一般的には、紙を二つ折り（袋とじ）にし、それを糸で綴じたものを言います（ただし実際にはいろいろなヴァリエーションがあります。後述）。

当然、こうした伝統的な装丁のものは古い時代のものであることが多いのですが、現代書として出版された本の中にも、そうしたものは数多くあります。

まず、オリジナルが和装本であるものの複製物。本の造りそのものも原物のとおりにする、というのは、複製のありかたとしてはそのようにあるべきかもしれません。また古典のジャンルを踏襲したもの――句集ですとか謡曲の本とかいったものも、現代の人が作ったものでも、和装本として発行されているものがあります。ふつうの装丁で造本するよりは、物理的存在としての本そのものに、いにしえからつらなる優雅な趣きが感じられるようです。

線装

伝統的な装丁の図書というのは日本だけにあるわけではありませんが、「中国で出版された図書」について、「和装本」と言うことは基本的にありえません。「和装」の「和」は当然「日本」のことで、あくまで日本において、「洋装本」すなわち現代におけるふつうの装丁の図書と対比される概念として、「和装本」という言い方をします。

では中国では、「和装」のような、伝統的な装丁の本のことを何と呼ぶかというと、ふつう「線装」と言います。「線」はこの場合「綫」とも書きますが、ラインのことではなく、「糸」の意味です。すなわち、「糸で綴じた装丁」ということです。

ですので、言葉そのものの意味からいえば、日本で造られた糸綴じ本のことも「線装」と言っても全然問題ないのですが、たいていは、日本のものは「和装」、中国のものは「線装」と言って使い分けることが多いかと思われます（中国のほうでは「中装」という言い方もしているようです）。

和書（国書）と漢籍

「和書」というのは、現代の図書館でも書店でもふつうに使われるタームかと思います。「和装」が「洋装」と対になる概念だったように、「和書」は「洋書」と対になる概念です。日本語で書かれたものが和書、外国語で書かれたものが洋書ということになりますが、中国語や韓国・朝鮮語で書かれたものは、大きく二分した場合は「洋書」ではなく「和書」のほうにカテゴライズするのが実際的かつ一般的かと思います。

ですが江戸時代以前の日本ですと、中国語（漢文）以外の外国語で書かれた図書などというもの自体、ほとんど存在しません。そうした状況では、「和書」「洋書」というカテゴライズ自体が意味が無く、意味があるのは日本語の図書か、中国語の図書か、という区分です。その区分において、前者を「国書」、後者を「漢籍」と呼びます。

「国書」という言い方は最近ではあまり使われなくなってきていますが、和漢古書を扱う際の基本的なツールブックである岩波書店刊の『国書総目録』『国書人名辞典』の「国書」ですね（もっとも、前者については、その内容を基本的にそのまま収録した〝日本古典籍総合目録データベース〟を使うことが今やほとんどですが）。

「国」と「漢」が対になるのは、「国学」と「漢学」、「国文」と「漢文」などという場合と同じです。「国籍」とか「漢書」とかにならないのは、「国籍」はNationalityと、「漢書」のほうは漢王朝の歴史を記した『漢書（かんじょ）』というタイトルの作品と紛（まぎ）れないようにだと思いますが、「国書漢籍」と言っても「国漢書籍」と言っても意味は変わらない――こういう構造を「互文（ごぶん）」と言いますが、そういう具合になるように、ということなのかもしれません。

古典籍

さて、「漢籍」といった場合、いちばん広い意味では中国語で書かれたもの全体を指してもいいのですが、やはり「国書」と「漢籍」しかなかった古い時代、すなわち清代以前の図書という狭い意味で使い、現代中国書は含まないのがふつうです。

　ただし注意が必要なのは、ここで「古い時代」とか「現代」とか言っているのは、あくまでその図書の内容そのものが成立した年代のことを言っているので、実際に出版された年代のことではありません。西暦紀元前に書かれた『史記』の原文そのものであれば、西暦２０００年以降に刊行された洋装本でも、実は「漢籍」と言っていいのです。別の言い方をすると、失われていたものが発見されたという場合を除いて、漢籍の「タイトル」が増えることはもはや基本的に無いのですが、刊行物としては今後無限に増える可能性があるわけです。

　ということで、『〇〇図書館蔵漢籍目録』とあっても、収録されている図書の８割以上が戦後刊行の洋装本だった、などということもあるのですが、さすがにこうなるとちょっと詐欺に遭ったような気分にならなくもありません。実際、利用者が専門家に限られる場合はまた別ですが、ふつうには、現物の管理の点というでも、目録作成という点でも、やはり物理的存在としての図書が作られた年代、すなわち出版年代というものでも区分したほうが、現実に適合しているかと思われます。

　このことは「国書」でも同様で、日本語の本はすべて「国書」と言っていいのですが、やはり原則として江戸時代以前に成立かつ刊行あるいは書写されたものを、それ以降のものと区別して、狭い意味での「国書」あるいは「和古書」と言います（ちなみに中国・台湾では、日本で言う漢籍は「古籍」と称することが一般的です）。

こうした「和古書」「漢籍」をまとめた言い方として「古典籍」というタームがあります。『古典籍総合目録』『日本古典籍書誌学辞典』（どちらも岩波書店）や〝日本古典籍総合目録データベース〟〝古典籍総合データベース〟などの「古典籍」ですね。「和漢古書」というのと同義と言ってよいですが、ただ「古典籍」と言うと何となく格調の高い感じがあります。「古典籍」と称されるものの中に、実用書や娯楽本、はては猥本と言ってよいようなものを含めるのはちょっと気が引けるようであり、そうなると図書館的な「和漢古書」という言い方が、いちばん価値判断を含まず適切であるようにも思われます。

和刻本漢籍

「国書（和古書）」「漢籍」の区分は、これまで見てきたとおり、あくまで日本語で書かれたものか中国語で書かれたものかという区別で、出版地は関係ありませんが、実際に日本で刊行された「漢籍」というのは相当な量にのぼります。これらを「和刻本」と言います。「刻」はこの場合「刊」と同義で、「日本で出版された本」ということです。

当然ながら国書（和古書）も「日本で出版された本」なわけですが、「和刻本」といった場合、基本的に国書は指しません。というのは、日本で目にする漢籍の場合、日本で出版されたものと中国で出版されたものとが半々か、むしろ前者が多いくらいで、大別する必要があるのに対し、国書

（和古書）は当然ながらほぼ100％出版地が日本なので、ことさらに言う必要がないのです。前近代の中国で出版された「国書」というのは、ほとんどありません（きわめてまれにですが、無いわけではありません）。

「和刻本」の漢籍については長澤規矩也著『和刻本漢籍分類目録』（汲古書院）という基本的なツールブックがあり、医書・仏書以外はほとんど網羅されています。この目録には、「内容の成立年代が清以前」の「中国語で書かれたもの」というほんらいの原則のとおり、出版年が明治以降のものも含まれています。

和本と唐本

漢籍であろうと国書（和古書）であろうと、日本で書写・出版されたものと中国で書写・出版されたものとを区別する言い方として、「和本」と「唐本（とうほん）」というタームがあります。橋口侯之助著『和本入門』（平凡社）という本では「有史以来、明治の初め頃までに日本で書かれたか、印刷された書物の総称」というのを「和本」の定義とし（17頁）、これであれば「仏書・漢籍から庶民向けの本まで、古い書物の類を全般的にあらわす用語になる」としています（19頁）。目録作成の現場に即して言えば、「出版地コード」に対応するのが「和本」「唐本」の区別、「言語コード」に対応するのが「和古書」「漢籍」の区別だと言えば、理解しやすいでしょう。

ちなみに、江戸時代以前の「和装本」はみな「和本」ですが、逆は必ずしも成り立ちません。一枚物の地図などは、「和本」ではありますが、「和装本」とは言いがたいです。折本や巻物なども、広い意味では「和装」に含まれますが、狭い意味では「和装本」というとやはり綴じられた冊子のものを指すことが多いかと思われます。

以上見てきたように、「和装」と「線装」、「和古書（国書）」と「漢籍」、「和本」と「唐本」は、それぞれ「装丁による区分」、「言語による区分」、「製作地による区分」による、それぞれ異なった対になる概念ですので、きちんと理解して使い分けなければなりません。もっとも、「和装本」「和古書」「和本」というのを、ほぼ同じ内容を指すものとして使っても、現実にはそんなに実害はなく、何となく同じような意味で使われていることが多いです。でも、

- 和装本であるが、和古書ではない……和装現代書
- 和古書ではないが、和本である………和刻本漢籍
- 和本であるが、和装本ではない………一枚物（・巻物・折本）

といったことも多々ありますので、やはりちゃんとわかっていたほうがよいですね。

NCR「用語解説」の問題点

「和古書」「漢籍」などのタームの意味するところは前述のとおりですが、『日本目録規則』2018年版（以下NCR2018）の付録D「用語解説」でも以下のように定義され、「和古書」「漢籍」については現代書と異なる規定を適用させる、としています。

●漢籍………中国人の編著書で、中国文で書かれ、主として辛亥革命（1911年）より前に著述、刊行された資料。日本等で刊行されたものをも含む。

●和古書……日本人の編著書で、日本文で書かれ、日本で主として江戸時代まで（1868年より前）に書写・刊行された資料。

基本的にそういうことなのですが、ところがこの「用語解説」、実のところ問題を孕んでいます。いったい何が問題なのでしょう。

1911年より後のものでも（いちばん狭い意味での）漢籍になるものや、1868年より後のものでも和古書になるものがあるということでしょうか？　いえ、NCRにはちゃんと「主として」と書いてあります。漢籍にしろ和古書（国書）にしろ、出版年代が一つの区切りになるといっても、現実の出版・造本のありかたが、ある年でスパっと切り替わるわけではない、というには当然のことです。ですのでこのことは、それ自体はまた後ほど取り上げるとして、「大きな問題」ではありません。

問題があるのはこういうことです。1868年から1911年の間に日本で刊行された「漢籍」の扱いはどうなるのでしょうか？

和刻本であっても「漢籍」なのですから、素直に読めば、1911年（辛亥革命）以前に日本で刊行されたものは、「漢籍」として和漢古書特有の規定を適用させるべき、ということになります。偶然にも1912年は大正元年ですので、ちょうど明治と大正との区切りとほぼ一致することにもなります。

しかしながら、果たしてそれでよいのでしょうか？　ＮＣＲで「和古書」「漢籍」に特有の規定を設けたのは、現代書とそれら和漢古書とで、本のありようそのものが大きく異なり、同じ規則で目録を作成することに無理がありすぎるからでした。「本のありよう」のいちばん大きな違いは、近代的活版印刷により、大量複製が可能になったか否かという点です。江戸時代以前では一度に刷られる図書の部数は最大でも数百部、同じ刷りの中で現存する部数は数点から数十点というのがふつうで、だからこそ蔵書印や書き入れなど、個別の図書現物ごとの記録が必要になります。それに対し、装丁が和装であろうと内容が古いものであろうと、何千部も刷られ何百部も残っている図書について、一点ずつ別物扱いする必要があろうはずがありません。

そうした印刷方法、というかメディアの様相が変わったのが、日本では明治維新、中国では辛亥革命を起点とする時期、ということなのです。日本で明治から大正に変わる時点で、そうは大きな変化が起こったわけではありません。この大転換の時期はあくまで、物理的存在としての図書の製作地が日本か中国かによって決まってくるので、内容が日本語か中国語かということはまったく関係ありません。ですので、明治維新以降の「和書」が現代書扱いされるのに、まったく同じような体裁で刊行された明治期の「和刻本漢籍」が現代書扱いされない、というのはやはり不合理と言えるのです。

「漢籍」再定義（案）

したがってこの「用語解説」は

●漢籍……中国人の編著書で、中国文で書かれた資料。日本等で刊行されたものをも含む。唐本は主として１９１１年（辛亥革命）以前に書写・刊行されたもの、和本は主として江戸時代まで（１８６８年以前）に書写・刊行されたものをいう。

とすべきでしょう（１９１１年は宣統3年で、民國紀元は翌１９１２年を元年としますから、現行の「より前」より「以前」のほうが適切です）。また現状では、和古書が「主として江戸時代まで（１８６８年より前）に書写・刊行された資料」とあるのに対し、漢籍が「主として辛亥革命（１９１１年）より前に著述、刊行された資料」となっていますが、漢籍の場合は書写されたものは刊行されたものと違う扱いになる、などということはもちろん無いはずです。

もっとも、こう書くのであれば、ＮＣＲ等には現在載っていない「和本」「唐本」というタームをしっかり定義づけしないといけません。ＮＣＲの「和古書」と「漢籍」の規定は、「言語による区分」と「書写年・出版年による区分」との両方を含んでいますが、「書写年・出版年による区分」は当然、「書写地・出版地による区分」と対応するわけで、「言語による区分」とは直接には無関係です。「言語による区分」と「書写地・出版地による区分」とが事実上一致するのならば問題ないのですが、そうでないことは今まで見てきたとおりです。製作年もカテゴライズの要素とするならば、製作地がそれにともなって問題になってくるのであって、「書写地・出版地」によって図書をカテゴライズするのが「和本」と「唐本」の区分であるわけです。

なお、「漢籍」は漢文すなわち文語文の中国語（文言）で書かれたものが大半なのですが、口語文（白話）で書かれたものももちろん含めます。伝統中国の価値観で言えば、図書と言うものは教養人が由緒正しい文言で書きかつ読むべきもので、白話で書かれた『西遊記』『水滸伝』『三国志演義』『紅楼夢』などといったようなものは、およそ表に出てくるべきものではなく、確かに「漢籍」と言ったときのちょっとモノモノしい感じからすると、こうしたものはすこし違和感がありますが、やはり漢籍に含まれます。

和漢古書と現代書

前述のように、NCRの「書写年・出版年による区分」には「主として」という断り書きがあります。慶應4年刊の図書と明治2年刊の図書とでは、多くの場合造りに違いはありません。多巻物にしばしば見られますが、はじめの巻は江戸時代に書かれて出版されていたものが、御一新をまたいで明治以降にも続きが刊行される、といったこともよくあります。そうした場合、大半はもちろん本の体裁も何も変わりません。こうしたものを機械的に年代で切り、片や和漢古書、片や現代書として扱うことが不合理なのは言うまでもありません。

和漢古書と現代書とを区別するポイントは、「装丁の違い」などではなく、大量複製ができるか否かの「印刷方法の違い」なのです。木版印刷で一度に刷れるのは最大で数百部ですし、書写であれば一度に複製できるのは基本的に一部だけで、そこが大量複製できる現代書とは決定的に異なります。

そしてその印刷方法の大変換が起こったのが、日本では明治維新以降、中国だと辛亥革命以降であるわけですが、もちろんそこですべての本がいっせいに切り替わったわけではなく、明治以降でも筆による書写や木版印刷は営々と行われつづけます。とくに木版印刷の場合、版木さえあればいくらでも再刷りができますから、江戸時代に作られた版木を使って刷った本というのは相当量あります。こうしたものは造りも見た目も江戸時代以前のものとほぼ変わらず、当然和漢古書扱いすべきものです。

また江戸時代以前の伝統的な学術体系に則った著作や漢詩文集などは、内容が明治以降に成立したものであっても、体裁は昔のもののごとくに木版で刊行していたりします。こうしたものも、和漢古書扱いしたほうがよい場合もしばしばあります。ただし、本文の体裁は昔のようであっても、銅版や金属活字で印刷されたものはやはり現代書とすべきでしょうし、逆に木版のものでも、教科書や近代科学書・法律書など、明治以降になって初めてその体系が移入・成立したものは、和漢古書とはしないほうがよいでしょう。ペンや鉛筆など、明治以降になって初めて登場した道具による書写資料も同様です。

和漢古書としたほうがよいものと現代書とすべきものの割合が完全に逆転するのは、明治10年代頃になります。なお、謡本（うたいぼん）・書道手本・図録などは木版での刊行がかなり後までつづきますが、これらについては、明治以降のものは原則みな現代書としたほうがよいでしょう。

中国の場合も基本的に同じで、民國以降もしばらく清以前と同じような本文のスタイル（体例）の木版本が出続けますので、これらは和漢古書扱いしたほうが適切です。中国の場合、辛亥革命（1911年）以前の19世紀後半から石印本・鉛印本といった新しい印刷方法による図書がかなり発行されていますが、これらも伝統的な体例であれば、和漢古書扱いすべきです（民國以降の石印本でもそうしたほうがよい場合もあります）。こちらでエポックメーキングとなるのは、現代中国での歴史区分でもそうしていますが、五四運動（1919年）前後と言ってよいでしょう。

漢籍と準漢籍

各種用語の定義や区分についてひととおり述べてきましたが、ここで具体的に和古書か漢籍か、ちょっと迷われるであろう種々のポイントについて見ていきたいと思います。

まず最初に、日本人が書いた日本漢文の図書は日本語の図書でしょうか、中国語の図書でしょうか？　これについては、書いた本人は中国語のつもりだったかもしれませんが、残念ながら（？）日本語のものとして扱います。『日本書紀』も『懐風藻』も『御堂関白記』も『日本外史』も、原文は基本的にすべて漢文ですが、さすがにこれらを漢籍とするわけにはいきませんね。

つぎに、中国人が書いた中国語の本すなわち漢籍に、送り仮名や返り点をつけたものは日本語の図書でしょうか、中国語の図書でしょうか？　これは、原則として「本文がもとの漢籍のままのもの」は、漢籍として扱います。これに対し、本文が書き下し文になっているなど「本文がもとの漢籍のまま」ではない場合は、中国語から翻訳した日本語の図書として扱います。

では、漢籍に日本人が注釈をつけたものなどはどうでしょうか。これも原則として、頭注をつけただけのような「本文がもとの漢籍のままのもの」は、漢籍として扱います。ただし、場合によっては、どう見ても本文に対する注釈というにとどまらず、むしろ注釈のほうがメインといったほうがいいような場合もあり、そうなるとそれは注釈者の著作ということで、国書ということにしたほうがよいこともありえます。このあたりの判断は人によって多少揺れそうですね。

また、本文内容はすべて中国人の著作ですが、日本人がタイトルをつけたり抜粋したり編纂したりしたものはどうでしょう。これらは「タイトルの言語コード」と「本文の言語コード」とが違ってくることになりそうですが、漢籍か国書か、なかなか微妙なものがあります。実際これらのものは〝全國漢籍データベース〟〝日本古典籍総合目録データベース〟のどちらにも載っています。

上にあげたような日本人による漢籍の注釈書や編纂物、あるいは翻訳や補遺などは、何かしら基づく漢籍があるものということで、「準漢籍」というくくりをすることがあります。「準漢籍」の範囲は人によって多少違っていますが、見た目の点でも分類体系の点でも、漢籍と一緒に取り扱ったほうが何かと都合がよかったりします。ただ、「準漢籍」は、両者の中間的存在ではありますが、基本的にあくまで「国書」（和古書）の一種なのであって、「漢籍」ではない、ということは強く意識しておかなければなりません。

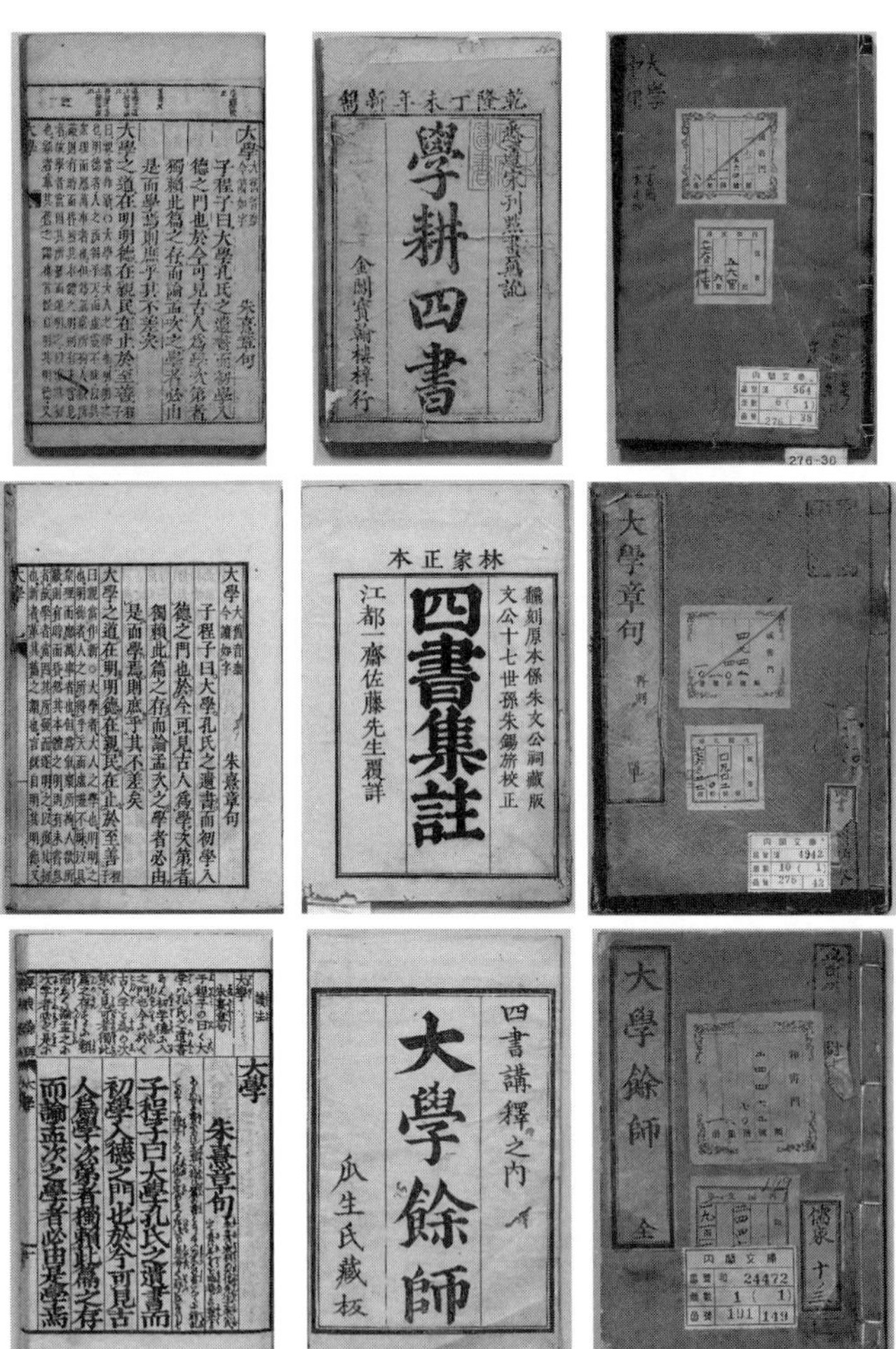

▶図１−１　上段より唐本の漢籍・和刻本漢籍・準漢籍（国書）。唐本は和本にくらべすこし縦長。上から『大學（學耕四書）』『大學章句（四書集註）』『大學餘師』、すべて国立公文書館所蔵。

ちなみに、「準漢籍」は「和古書」と「漢籍」の中間的存在ですが、「和本」と「唐本」とのあいだにもそういったものがあります。日本人の漢詩文集などで、何といいますか「本格派」感を出すために、わざと中国風のやや縦長のかたちにした、唐本ふうの和本というのもあり、表紙などもそれらしいシンプルな雰囲気にして、中身も名前を中国風にして名乗っている（後述）と、ちょっと勘違いしてしまうこともありそうです（「唐本仕立」にはこれと別の意味（洒落本の別称）もあります）。

図書と文書

和漢古書のコレクションのなかには、証文や手紙などを含むいわゆる「文書（もんじょ）」も混在していることは珍しくありません。形態的には冊子のものも多数ありますし、〝日本古典籍総合目録データベース〟のなかにも多く収録されてしまっています（つとに長澤氏がこのことを『国書総目録』の大問題の一つとして指摘しておられます）。ただ、やはり根本的に違う性格のものですので、原則として、まとまった分量があれば、「図書」の整理対象からははずすべきでしょう。とはいえ、コレクション形成の過程において、こうしたものも含まれてきてしまうのは、それはそれで当然のことでもありますので、まとまった分量でなく少量であれば、「図書」の目録規則をあてはめて整理するのは、現実問題としてはとやかく言うことでもないだろうとは思います。

日本の「文書整理」の現場では、ＮＣＲのような広く使われている統一的な規則はないようですが、といってだいたい共通した方式は存在するようであり、それは図書の目録規則とはやはり全然別のものです。たとえば「文書」では「宛先」というのがきわめて重要な項目になりますが、「図書」の整理の方法だとこれは宙に浮いてしまいます。それぞれの対象はそれぞれに適した規格で整理してあげるというのが、資料そのものの利用されやすさという点で、最初の大前提とすべきことだと思いますので、図書館の片隅に古そうな資料が入った箱が積み重ねられているといった状況があれば、それが「図書」のかたまりなのか「文書」のかたまりなのか、それを見極めることがまずは第一、ということになります。

▶図1-2　いずれも書写資料だが、右（『村高割附控』）は文書・左（『善悪種蒔鏡』）は図書。

両者の定義を言いますと、「図書」とは不特定多数に読まれることを前提にした著作物・編纂物（刊行物・書写資料ともあり）を言い、これに対し「文書」は、特定の相手宛てに書かれたもので、官公庁の公文書や手紙などが代表的なものです。特定の相手宛でない日記や個人的な備忘録（メモ）は「記録」になります。「図書」「文書」「記録」これらを総称して「文献」（documents）と言います（「文献」それ自体としては「文字に書かれたもの」という意味合いが強いです）。

これらに対し、「史料」（historical materials）というタームは、研究者が歴史研究上価値があるとするすべての資源

（「資料」materials）について用いられるもので、図書であろうと文書であろうと、その他図像・美術品・考古資料等もすべて含めることができます。紙（他の媒体も含みえますが）に文字で書かれたもののことは文献資料といい、「史料」は文献資料と非文献資料とに大別されます。

「図書」「文書」「記録」は実体として存在するものであるのに対し、「史料」はあくまでそれを歴史的資料として認定する人の観点・判断によって認定されるものであると言えます。「史料的価値」という言い方はありますが「図書的価値」「文書的価値」という言い方はない（観点云々にかかわらず図書は図書、文書は文書である）ということから、この関係が理解できるかと思います。

上記「文書」は基本的にすべて史料として扱われえますが、「図書」は必ずしもそうではありません。史料としての対象にならない古典籍はいくらでもあります。文学作品など、大半がそうです。すなわち、「古典籍」（和漢古書）と「史料」は内容的に一致するものではまったくないのです。

内容的にずれるのみならず、対象に対する研究方法（すなわち「学」）も異なります。「図書」そのものを研究対象とする学問としては「書誌学（図書学）」（bibliography）があり、これは「文書」「記録」はほんらいその対象としません。一方、「古文書」「古記録」を研究する学としては「古文書学」があり、これは歴史学の一分野としての「史料学」（historiography）に属するものですが、この「史料学」と「書誌学」では方法論がまったく違っています。いかに別ものかという一例として、「写本」という基本的タームの使われかたがありますが、これについては後で詳しく述べます（137頁）。

なお、伝統中国の学問体系では、「図書」に関する学問として「目録学」「版本学」「校勘学」というものがあり、これらを総称してやはり「文献学」と呼称します。このタームは日本でも「書誌学」とほぼ同じ意味で用いられることもありますが、ほんらいは全然別個の、西洋古典研究の学としての「古典学」（philology）の訳語です。

第2章　タイトルと情報源

現代書の和書であれば、タイトルの情報源といったら「標題紙、奥付、背、表紙」であるのはまず最初に教わるところですが、和漢古書の場合はどうなるでしょう。以下、NCRを確認しながら見ていきます。

和漢古書の書名の情報源

和漢古書で最も一般的な装丁は線装（袋綴じ）ですが、この装丁の場合を始めとして、和漢古書には現代書のような「背」はそもそも存在しません。所蔵者が書名を墨書していることなぞは時々ありますが、むろんそんなものはまず情報源にはなりません。

「奥付」は存在していることがありますが、基本的に著者と出版事項を記載するところであって、書名の記載があることは実のところあまりありません。

「表紙」はたしかに存在することがふつうですが、そこに書名があるとは限りません。これは現代書（洋装本）でも、本体の表紙についてはある程度はそうかと思います。また和漢古書では、表紙に直接書名が書かれていたり（＝打ち付け書）印刷されたりしている場合よりは、むしろ表紙に貼られた短冊状の紙片、すなわち「題簽」に書名が書かれている、あるいは印刷されていることのほうが多いです。

ただ困ったことに、この題簽はほんらい軽く糊付けされているだけですので、往々にして剥落したり破損したりしています。ちなみにそれを防ぐために、多巻物の場合、平積みにしたり帙に収めておいたりする場合、1冊目だけ表裏逆にして重ねて置き、こすれやすいいちばん上の面には1冊目の裏表紙がくるようにする、という「お作法」があったりします。

「標題紙」はＮＧ？

さて、では「標題紙」はどうでしょう。刊本では、表紙裏すなわち見返しの位置に書名・著者・出版事項が印刷されていることがしばしばあります。見返しではなくその対向ページ、すなわち扉がそうした版面になっていることもあります。同内容の本でまったく同じ版面が刷りの先後によって片や「見返し」にあり、片や「扉」にある、といった事態もありますので、「見返し」だろうが「扉」だろうが、どちらでも意味合いは変わりません。実際、唐本（前述）ではどちらも「封面」と称して区別しません（近現代では「封面」を表紙の意味で使うこともあります）。ただし、こうした見返し・扉（封面）それ自体が存在していないということもごくふつうにあります。

写本の場合は、存在するとすれば「見返し」よりは「扉」の位置に書名が書かれていることが多いです。ただよくあるのは、後から表紙をもう1枚つけたので、元の表紙が「扉」の位置になってしまったというケースです。これは見分けにくいことも多いですが、ほんらいの扉とは区別するべきでしょう。また扉があっても、収録されている内容著作に対応するものであって、全体の扉にあたるものは無い、などということもしばしばあります（これらはむろん刊本でもありえますが）。

いずれにしろ、記載されている内容から言って、標題紙の機能を果たすものとして見返し・扉という情報源が存在している、と言いたいところですが、実のところこれについては強烈な異議があります。日本で古典籍の書誌を学ぼうとすれば斯界の泰斗である長澤氏の著作・所論を逸することはできませんが、この長澤氏が「標題紙（タイトルページ）と扉とは別物である」「和書の扉をタイトルページと称するのは誤りである」ということを、いろいろな著作や辞典でくりかえしくりかえし主張されているのです。

たしかにタイトルページというのはもともと洋書のものですから、歴史的経緯から言って長澤氏の言われるとおりなのですが、といって現代書では扉すなわち標題紙＝タイトルページということで定着してしまっており、和装本でも、現代書であれば、扉を標題紙として扱うのが自然だと思われます。明治期の和装本は、物によっては和漢古書として扱っても現代書として扱ってもよいということを書きましたが、現代書として扱うのであれば、上記のような扉・見返しを四情報源の第一である標題紙として扱うというのが現実的ですし、実際に各機関でそのように書誌が作成されているようです。ですが、和漢古書として扱うのであれば、やはり扉は扉でしかなく、存在したとしても、標題紙のような何よりも優先される情報源ではない、と見なければなりません。

内題か外題か

「標題紙、奥付、背、表紙」の四情報源は、和漢古書の場合、そもそも存在しているとは限らず、存在していても書名があるとは限りませんので、情報源とするのはいろいろ問題があります。ということで、和漢古書の場合、書名の情報源とするのは、「本文の巻頭」になります。このことは、これまでのＮＣＲ等にもありましたので、知識としてご存知の方も多いでしょう。

本文の巻頭というのは、目次や序跋（これらはそもそも存在しないこともよくあります）と比べても最も安定的と言えますし、書名のほか著者等が記載されていることも多いという点で、和漢古書において一般的に最も確実な情報が得られる箇所と言えます。

巻頭（巻首）や巻末（巻尾）、目次や序跋など、図書の「内がわ」に存在するタイトルのことをまとめて「内題（ないだい）」と言い、扉・見返しや表紙・題簽のような図書の「外がわ」に存在するタイトルのことをまとめて「外題（げだい）」と言うことがあります。狭い意味では、内題は巻頭のタイトル、外題は表紙のタイトルの意味でそれぞれ使われます。ただし、歌舞伎の演目の正式なタイトルのことも「外題」と言いますので、目録記述に当たっては、多義的で誤解を招きやすい表現はあまり使わず、使うのであれば広い意味のほうで使うだけにしたほうがよいでしょう。ことに表紙の書名のつもりで「外題のタイトル」「外題の書名」などと言うと、「題」自体がすなわちタイトルの意味ですから、おかしな言い回しということになります。

和漢古書の場合、題簽が剥落しやすいというのは書きましたが、基本的に糸で綴じているだけの和装本は、綴じ糸が切れて表紙や裏表紙が行方不明になることもしばしばあり、図書の外がわほど情報源として不安定と言えます。ですので、タイトルとして外題は採用せず、内題を採用するというのが一般原則です。『日本目録規則』１９８７年版の2.0.2.3でも「書名と著者表示」の情報源は「和古書、漢籍はつぎの優先順位による　⑴巻頭　⑵目首、自序、巻末　⑶外題、題簽、見返し、扉、版心、小口書」となっていましたし、長澤氏の『図解古書目録法』（汲古書院）などでも、「和漢書において、最も拠りどころになる書名の所在は、国書の一部を除いては巻頭である」（９頁）と明記されています。

しかしここで気になるのは「国書の一部を除いては」というところで、具体的にはどういうものかというと、王朝文学（物語・日記）や俳諧書、小説の一部（草双紙）などのジャンルの図書になります。これらにはそもそも内題が無いのがふつうで、書名は表紙または題簽、あるいは柱（版心）にしか存在しません。そうしたものは、当然外題を書名として採用することになります。

看板の差し替え

巻頭の書名が存在する場合、多くの場合内題主義でそこからタイトルを採用するということでおおむね問題ありません。ただし、テキストに対する注釈書だったり、原本にたいする改訂だったりする場合、巻頭にある書名よりは外題すなわち表紙や題簽の書名のほうが適切であることもよくあります。

再版時に、巻頭の書名はそのままで題簽だけ付け替えるのを「外題換え」と言います。「外題換え」の図書の場合、内容を改訂していた場合は外題のほうを書名として採用したほうがよいでしょう。が、内容はそのままで、出版者がたんに人目を引きたいがためにとか新刊本に見せかけたいがために行うこともしばしばあり、そうなるとその場合は元のままの内題を採用したほうが適切かということになります。

つまり、必ずしも改められた書名のほうを本タイトルとして採用しなければならないということではないのであって、一概にどうすべきと言えるものではありません。オンライン目録と冊子目録とでは、標目書名の重みも自ずと違ってくるという要素もあるでしょう。

けっきょくのところ、本の造り手がどの情報源の書名を「その図書の書名」すなわち本タイトルとして認識してもらおうとしているかということが肝要なのであって、漢籍や準漢籍、仏典や学術的な著作といったものは唐本よりの伝統として巻頭優先でほぼ問題ないでしょうが、上にあげたようなものはもちろん、それら以外でも外題を本タイトルとしたほうが適当かもしれないというケースはそれなりにあるのです。

といったことを踏まえてでしょうが、『日本目録規則』１９８７版改訂3版（以下ＮＣＲ87Ｒ3）では「情報源の選択に当たっては、時代、ジャンルあるいは造本等の事情を考慮する。」とした上で、「タイトルと責任表示　⑴巻頭、題簽、表紙　⑵目首、自序、自跋、巻末　⑶奥付、見返し、扉、版心、著者・編者以外の序跋　⑷小口書、識語等　ただし、漢籍については、巻頭を優先する。」と規定し、「題簽、表紙」を巻頭と同じ順位に格上げしています（2.0.3.2A（古））。ほかにも87年版とは微妙な違いがありますね。ＮＣＲ２０１８は基本的にＮＣＲ87Ｒ３と同じ内容で、ただ最後の「ただし書き」が削除されています（#2.0.2.2.1.3）。

実際の運用としては、漢籍を含むすべてのジャンルにわたるコレクションを整理する場合は原則として内題主義を採用し、巻頭以外から書名を採用した場合は例外なく「書名は○○による」という注記を入れるという仕様にしたほうが、むしろ一律的でわかりやすいかと思います。ただ、さきに見たような特定のジャンルのコレクションの場合は、ＮＣＲ87Ｒ３・ＮＣＲ２０１８で規定されている通り、一々とくに情報源の注記をせずに、表紙や題簽から書名を採用したほうが煩雑でないと思われます。

巻頭にあっても

多巻物の場合、巻ごとに巻頭の書名が異なっていたりすることもしばしばあるのですが、たんに「巻頭の書名」と言ったら第1巻の巻頭の書名のことです。第2巻以降の巻頭の書名は、必要があればその他の書名として注記します。ということでふつうは、第1巻の巻頭第1行の上部に「○○巻第一」とあれば、とくに断りなく「○○」を本タイトルとして採用すればよいのですが、そうは単純にはいかないというイレギュラーなパターンもいくつかあります。以下列挙してみましょう。

①巻頭に内容著作の書名があるもの

これはとくに特別なことではなく、総合書名がなければ複数著作の合綴として、巻頭の書名を合綴の一つ目の著作の書名として採用すればよいです。ただし、総合書名が別にある場合はやはりそちらを本タイトルとして採用すべきでしょう。総合書名は目次や序跋、見返し・扉や題簽などにある場合が多いですので、見落とさないようにしなければいけません。

②巻頭にシリーズ名があるもの

これはある種①の逆パターンで、第1行にはシリーズやセットの書名があり、単行図書のタイトルにすべきものは責任表示の後の行にあったりするもの。もちろん、捉えかたによっては、上位階層の書名を本タイトルとして採用し、下位のものは内容著作とすればよいということも多いですが、抽刻本（抜き刷り）や抄録本の場合、巻頭にある上位階層の書名はシリーズとするか、あるいは注記しておくのが適切ということもままあります。

③巻頭に篇名があるもの

これは『論語』『書経』などの経典や『史記』『漢書』などの古い歴史書に多いのですが、通常は本タイトルがある巻頭第1行上部に「學而第一」とか「高帝紀第一」とかいった篇名が記されているパターンです。この場合、書名はその行のいちばん下に記されています。篇名を書名と勘違いして合綴本のように書誌を作成してしまうと、基本的な古典であることが多いだけにちょっとみっともないものがあります（ちなみに漢籍のタームとして、このパターンで第一行上部にある篇名を「小題」、下部にある書名を「大題」と呼ぶことがあります）。

▼図2-1　大題。巻頭下部の『後漢書』が書名。京都大学附属図書館所蔵。

④第1巻の巻頭の書名のみが他と違っているもの

その他の巻の巻頭や巻尾、目次、見返し・扉、題簽などがみな同じ書名で、第1巻の巻頭だけが違うという、アマノジャクなパターン。たとえば貞享5年刊の井原西鶴著『日本永代蔵』5巻では、第1巻の巻頭のみ『本朝永代蔵』となっています。こうしたケースでは、もちろん内題主義を押し通してあくまで第1巻巻頭の書名を採用し、「巻第2-8の巻頭、目首、序、見返し及び題簽の書名：○○」などといった具合に注記してもよいのですが、あまりに煩わしい場合は、多数派の書名を採用し、「巻第1の巻頭の書名：○○」と注記する（つまりこう書けば「第1巻の巻頭の書名のみが他と違っている」パターンだなとわかる）というのも手かと思います。

⑤注釈本で、巻頭にテキスト自体の書名があるもの

さきに触れたもので、たとえば江戸後期の香川景樹著『土左日記創見』という書物は『土佐日記』の注釈書ですが、巻頭の書名は「土左日記」で、「土左日記創見」は題簽に記載されている書名です。こういう場合は、巻頭のテキスト自体の書名を採用すると内容も誤解を招きやすいですし、同名異書がたくさんできてしまいますから、やはり注釈のタイトルのほうを採用すべきでしょう。

⑥改訂本で、巻頭に原本の書名があるもの

これもさきに触れたパターンで、巻頭の書名はもとのまま題簽や表紙の書名のみ改めるということがあります（外題換え）。もっとも、この「外題換え」というタームの意味内容も微妙なところがあり、前掲の長澤氏『図解古書目録法』では、「全部改刻したもの」を「改題本」と定義し、「同版の後修の場合は外題換と言わねばならない」（25頁）として、巻頭の書名のみ改刻された例をあげていますが、通常は巻頭の書名を改めたものは含まず、題簽や表紙の書名（外題）のみを取り替えたものを言います。

⑦巻頭の書名が巻次によって分離しているもの

書名と巻次はふつう、「某々抄第一巻」「某々抄第二巻」のように記載されていますが、時々「某々第一巻抄」「某々第二巻抄」のようになっているものがあります。これを「某々」が書名で「第一巻抄」「第二巻抄」が巻次だなどと、苦し紛れに解してはなりません。巻次が途中に位置しているだけで、「某々抄」が書名になります。これはとくに、室町期から江戸前期にかけて多く作られた、講義の聞書のスタイルをとった「抄物（しょうもの）」と呼ばれる和漢の古典を注解・講釈した一群の和書にその例が多いです。

⑧巻よりも大きなまとまりを示す単位が含まれているもの

巻頭の書名をそのまま本タイトルとするのではなく、各巻の巻頭の書名から本タイトルを抽出すべきというパターンが二つあり、これはその一つ目の場合です。たとえば、『杜律集解』6巻という本は、実際には『杜律五言集解』4巻と『杜律七言集解』2巻から成っています。こういう場合、「杜律集解 五言4巻七言2巻」という具合に記録することができます（というか、合集とするよりはこのようにしたほうがスマートです）。巻頭の表記は、その他の書名としてもいいですが、内容著作とすることができるのであれば、そのようにしたほうがより適切でしょう。なお、このパターンでは、巻次は全体で連続している場合と、まとまりごとに与えられている場合と両方あります。

⑨書名と部編名が一体化しているもの

各巻の巻頭の書名から本タイトルを抽出すべきパターンの二つ目です。たとえば北魏の楊衒之撰『洛陽伽藍記』5巻を見てみると、各巻の巻頭は洛陽城内伽藍記（巻第1）・洛陽城東伽藍記（巻第2）・洛陽城南伽藍記（巻第3）・洛陽城西伽藍記（巻第4）・洛陽城北伽藍記（巻第5）となっています。むろん、五つの別々の著作などとしてはいけませんし、それぞれを内容著作とするのも不適切で、「城内・城東・城南・城西・城北」は各巻の部編名にすぎません。本タイトルとしては、これら以外の共通部分を抽出して書名として採用します。

⑩各巻の巻頭の書名から本タイトルを合成すべきもの

これは⑧⑨と逆のパターンですが、実例としては多くはありません。ただし一つ、非常に有名な本でこのパターンのものがあります。何という本かというと『老子』別名『道徳經』２巻なのですが、多くの刊本で、上巻の巻頭書名が「老子道經」、下巻が「老子徳經」となっています。これはお約束として、書誌としては『老子道徳經』２巻として記録します。これを『老子道經』『老子徳經』の合集などと記録してはいけませんし、それぞれを内容著作とするのも適当ではありません。

以上のように、和漢古書では「巻頭の書名」を本タイトルとして採用するとだけ覚えて機械的に適用すると、実作業ではかなり不適切になることがあります。規則があってそれに沿うように本があるわけではなく、その逆だということは、とくに和漢古書の場合いっそう当て嵌まるかと思います。

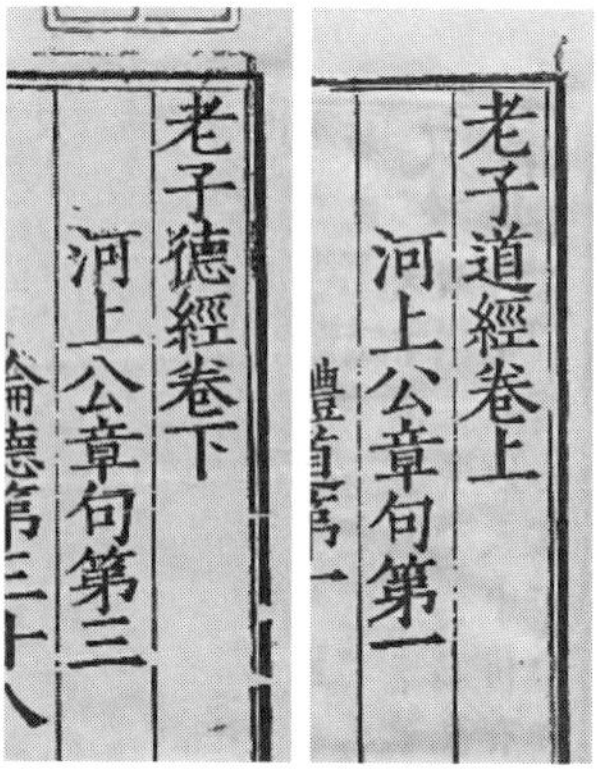

▼図２-２『老子』。各巻頭は「老子道經」「老子徳經」。国立公文書館所蔵。

題簽の書名

巻頭の書名をそのまま採用してはいけない例を見てきましたが、巻頭の書名を採用することが不適当な場合、ＮＣＲ87Ｒ３・ＮＣＲ２０１８の規定によれば「題簽、表紙」が同じく最も優先順位の高い情報源になります。

題簽（題箋とも）というのは、表紙に貼られた書名や冊次の記された短冊状の紙片で、著者名や出版事項などその他の情報は無いのが多数派です（時代が下るとそれらの情報があるものも増える傾向にあります）。貼付位置としては表紙の左肩か中央がふつうですが、とくに国文学系のジャンルの図書の場合は日本古来の伝統を踏まえて中央の割合が高いようです。左肩に貼付した場合、その右がわに副題簽もしくは目録題簽（添え外題）と言って部編名や巻ごとの目次を記した四角い紙片が貼られていることもあります。

また、草双紙では絵題簽と言って絵入りの幅広のものが左肩に貼られていることが多く、このジャンルの図書では、書名や出版者の情報はここにしか存在しない、ということがしばしばあります。

▼図2-3　絵題簽。版元商標（95頁）も見える。『剛屋敷』国立国会図書館所蔵。

当然ながら刊本では印刷されたもの、写本では手書きのものであるのがふつうですので、そうでないケース、すなわち刊本なのに題簽は手書きというような場合は、わかるように記述しなくてはなりません。題簽が剥落してしまったものを後人が付け直したというケースが多いのですが、あるいは貼り直しの場合、全然違う本のものを間違って、あるいは時に意図的に貼っていることがあったりします。剥落した題簽を本体に挟み込んでいるような場合もよくありますの

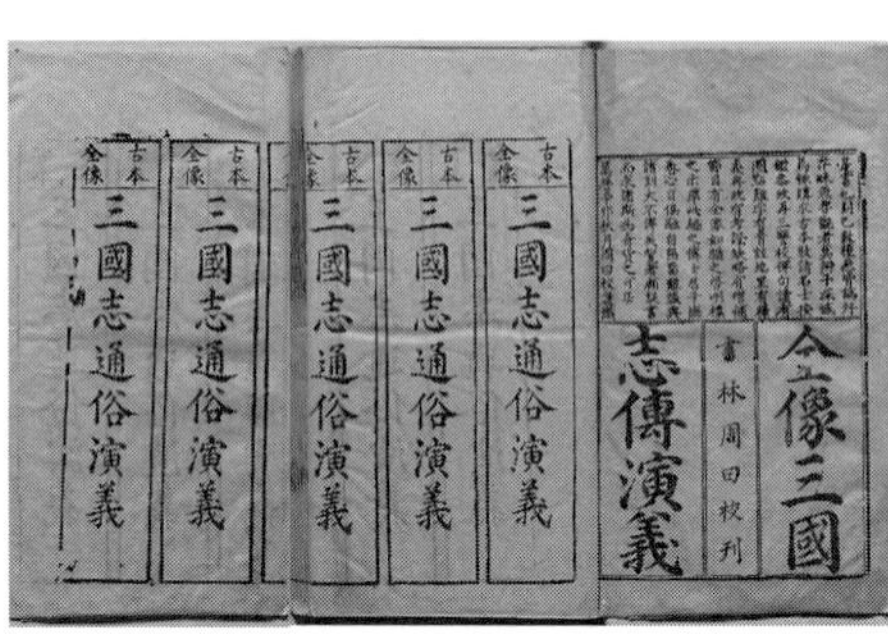

▶図２−４　唐本に見られる切取用の題簽。『新刊校正古本大字音釋三國志通俗演義』国立公文書館所蔵。

で、見落とさないようにしましょう（剥落自体はきわめてよくあることですので、通常はそのことは一々注記する必要はありません）。

唐本はそもそも題簽を用いていないことが和本より多いのですが、まれに数冊分の題簽が刷られている遊び紙が封面の前後に付けられていたりすることがあります。切り取ってお使いください、ということなのでしょうね。

ほんらいの表紙の外がわにさらに後補の表紙をつけている場合、題簽が二つあるといった事態が生じますが、その場合はもとからあったほうを原題簽（げんだいせん）として記述することになります。また、帙の表紙や背に貼られているものは帙題簽（ちつだいせん）と称します（図書本体ではないので、情報源としての優先順位は低くなります）。

ときに題簽の雰囲気を模して表紙にじかに印刷してあるような場合もありますが、それは「表紙の書名」ですので、「題簽の書名」としてしまわないよう注意しましょう。ただ、機能としては、「表紙の書名」と「題簽の書名」とで、とくに違うことはありません。

オシャレ全開

さてこの題簽や表紙、ある意味いちばん目立つ部分でもあり、ほんらいの「造り手の主張」が最も表れている箇所であるのは確かなのですが、情報源としてはやはり物理的に無くなっていたり取り替えられたりしやすいという欠点があります。また、多巻物の場合、それ自体が情報として安定していないことがある、と言えます。どういうことかと言うと、各冊ごとに書名の表記が変わっていることがしばしばあるのです。

巻頭の書名の場合でも巻ごとに変わっていることはありますが、巻頭の書名の場合はちょっとした語順や表記の違いといった軽微な変化であるか、さもなければ『三体詩』3巻の場合のように、各巻の内容や成立上の経緯に基づくところの相違だったりするのに対し、題簽や表紙の書名の場合は、内容とは関係なくしかしきわめて意図的なものです。

たとえば、寛政5年刊の『歌袋（うたぶくろ）』6巻という本では、各冊の題簽の書名が「うたふく路」「宇多布くろ」「う堂婦具ろ」「宇た不九呂」「うた婦く路」「莵多不具路」という表記になっています。同じように、享和4年刊『當世嘘（とうせいうそ）の川（かわ）』5巻では、「當世嘘之川」「當世うそのかは」「當世空言乃河」「當世嘘農川」「當世うその皮」、あるいは文政4年刊『三十石艠始（さんじっこくよふねのはじまり）』6巻では「三拾石夜舟濫觴」「卅石夜ふねの濫觴」「さん十石よふねの肇」「三拾こく夜ふねの始」「卅石夜舟のはじまり」「三ぢう石夜舩の肇」といった具合です。

ここにあげたのはほんの一例ですが、とにかくこういう具合に、同じ訓の別の漢字や万葉仮名・

変体仮名の組み合わせ等々、和語漢語とりまぜてとにかく表記を各冊ごとに変化させていく、というのが江戸時代の本の造り手の「オシャレ感」なのです。これらをみな同じ表記で揃えてしまうのは、野暮と言いますか不粋と言いますか、たしなみもしゃれっ気もねえわなあ、という話になります。実際、国文や国学関係、小説では人情本や滑稽本といったジャンルのものでこうした実例が多く、それ以外のお堅い学問の本や実用書、漢詩文集などではあまり見かけません。

こういう感覚は現代には引き継がれていませんが、この時代の図書を扱うのであれば、このちょっと独特なセンスを理解し、各冊の題簽の表記に知識を駆使し工夫を凝らしているさまを面白がりたいところです。

しかしながらこうした本について、現代書の「四情報源」という規定に基づいて、題簽を表紙に含めそこからタイトルをとって物理単位でデータを作ってしまったら、いったいどんなことになってしまうか、考えるだに恐ろしいところ。やはり和漢古書と現代書とでは、情報源も書誌作成単位も同じように考えてはダメだ、ということの最もわかりやすい実例と言えるでしょう。

合巻おそるべし

いわゆる草双紙類の最終段階の形態として、「合巻(ごうかん)」と呼ばれるジャンルがあります。草双紙というのは江戸中期から刊行された、絵入りというか画文一体の通俗読み物で、形態的には5丁で1巻(「巻」については後述)が基本です。安永〜文化頃だいたい2〜3巻構成の黄表紙(きびょうし)と呼ばれるものが盛行しますが、寛政頃から数巻を合綴したかたちで刊行されるようになります。これを合巻と呼び、明治初期まで多数の作品が刊行されますが、中には現代の人気漫画のごとく、相当の長編になっているものもあります。

草双紙にはもともと内題が無い場合が多いのですが、合巻の場合、発生後まもなく、表紙として著名な浮世絵師による錦絵風のものが付けられるようになりました。たいてい、横長の1枚の図が複数冊分に断裁されて各冊の表紙になっており、したがって各冊を並べて置くと続き柄の図になる、という造りになっています。多くは2冊もしくは3冊ひとつづきの図柄で、たいへん派手で美麗ないかにもキャッチーなものですが、これを摺付表紙（刷付表紙）と言います。

▶図2−5　摺付表紙。書名は左がわの下冊に、著者名は右がわの上冊に記されている。『北雪美談時代加賀見』。

合巻というジャンルでは、この摺付表紙が最も優先される情報源になります。ただ、断裁された各冊の表紙にそれぞれ書名や著者があるとは限らず、時にもとの一枚の図柄の中でも偏った位置や横長に書名や著者が記載されていることがあります。したがって断裁した結果、各冊の表紙にはそれらの情報が一部分だけ残っている状態になるので、元のように並べないと正しい書名がわからない、という具合になっていることもしばしばあります。ですので、合巻の場合は各冊の表紙を情報源にするのではなく、1枚続きに復元した摺付表紙が情報源になる、ということになります。表紙の図柄が続き物になっている、というのは現代でもあるアイデアですが、書名などまでが断ち切られているというのは、ちょっと注意が必要な状況ではあります。

ただこの合巻、これだけでは終わらず、もっともっと手ごわいことになっていることがしばしばあります。大長編になってくると、2冊で1編の上下、もしくは3冊で1編の上中下という構成で何十編もあるのですが、この各冊すなわち各編の上下あるいは上中下それぞれに見返しがついていて書名が記されており、さらに編ごとに摺付表紙があるわけです。そして、編ごとにあるいは数編をまとめて1冊に綴じて発行するのですが、その場合摺付表紙はしばしば1枚続きにまとめて綴じ直され（時に見返しもまとめて綴じ直されます）、まとめた1冊ずつにまた新たな表紙・題簽をつけていることがあります。

それだけならまだいいのですが、さらに合綴した冊を「袋（ふくろ）」という、一枚の紙を本のサイズの四角い筒状にしたものに入れていることもあり、その袋にもそれぞれ書名が記されていたりします。袋というのは要するに外箱・ケースのはたらきをするものなので当然なくなりやすいのですが、これをまた合綴の表紙・裏表紙の外に綴じ直していることもあります。

で、これらの書名がみな同じかたちをしているかというと、そんな野暮ったいことをするはずもなく、これらがみなすこしずつ違ったりしているのです……。

具体的にいえば、たとえば『七ふしき葛飾ものかたり』10編、「2冊で1編の上下」という構成のものを4冊に綴じたものだと、摺付表紙＝10、見返し＝10×2＝20、題簽＝4で合計34箇所に、『昔模様娘評判記』6編、「3冊で1編の上中下」という構成のものを袋つきで6冊に綴じたものだと、摺付表紙＝6、見返し＝6×3＝18、題簽＝6、袋＝6で合計36箇所に、書名があるということになります。

もちろん、書名のかたちが全部の箇所で違うというのは実際には無いですし、袋や題簽が欠けていることはしばしばあるわけですが、それでもこういった具合に相当な数にのぼるヴァリエーションがあるということになります。和漢古書としてタイトル単位で書誌を作成する場合、それらをどこまで「その他の書名」として記録するか、あるいはそれらの情報源にあるこれまた多彩な出版事項等の記述をどこまで記録するか、システムの許容範囲によるとしても、何だか気力・体力の勝負となりそうですね。

大尾と目首

和漢古書の造本の構造からして、図書の内がわにあるものほど安定しており、外がわに行くほど不安定な情報源になる、ということは前述しました。その理屈で言うと、本文の巻頭のつぎに安定した情報源としては、本文の巻末ということになります。タイトルにかんして言う場合は、尾題というタームもありますので、巻尾と言ったほうがよいでしょう。

とくに多巻物の場合、最終巻の巻尾のことを「大尾」と言い、優先順位としてはかなり高いものになります。このタイトルは巻頭に対応してちゃんと記載されていることが多く、きちんと確認しておく必要があります（なお、個人的には、各巻の巻次については、書名とはちょっと別に、巻尾を巻頭と同レベルの情報源として扱ってよいと考えています）。

▼図2-6　大尾。多巻物に限らず1巻物でも使われることがある。『光明藏三昧』。

NCR87R3・NCR2018では「目首」というのも、巻末と同じくタイトルの優先順位の2番目のレベルの情報源としています。たいてい本文直前にある総目次の冒頭のタイトルのことで、目次の末尾にあるものは「目尾」と言います。

図書によっては、各巻ごとに巻頭の前に巻の目次がついていることもあり、これらを総目と区別して言う場合は「巻目」と言ったりします。ただし、名所図会などでよくあるのですが、巻の目次と本文がつながっていて本文巻頭のタイトルが無いような場合は、巻目を巻頭と見なしてよい（ある種お約束のスタイルなので、むしろそのほうがよい）と思います。

だれのがいちばん？

序跋の中で著者・編者自身による自序・自跋を優先するのは理解できますが、「著者・編者以外の序跋」（他序・他跋）については、それらが複数あった場合どの優先順位で見ていけばよいでしょうか。複数人の序跋がいくつも付いている、というのは実際よくある状況で、大部のものになると序文だけで1冊になっていたりするくらいです。

やり方としては3通りほど考えられ、一つ目は単純に、先頭から出てくる順番に見ていく、というものです。何も考えないでいいので気楽なのですが、「内がわほど安定しており、外がわに行くほど不安定」という原則からすると本文の前に置かれているものの場合いかがかということになります。事実、他序と自序とがあった場合、自序のほうが本文に近いほう、すなわち後のほうにあるケースが圧倒的に多いですし、いちばん最初にあるのは題詞（だいし）といったわりとどうでもいいような内容のものであることが多いようです。

こうしたことからすると、むしろ本文に近いほうから外がわにという順番で見ていく、というほうが妥当であるかもしれません。あるいは、序跋それぞれの書かれた年代の古い方から、という考え方もあります（年代不明のものがあった場合が弱点ですが）。その図書が以前に刊行された時点での序文（原序）が収載されているケースもありますが、これらの書名をその他の書名として採用するか、ちょっと微妙な場合もあります。

序跋の類の書名はそれぞれの冒頭に記されているものを（末尾に書名が記されていることはほとんどありません）「序の書名：〇〇」といった具合に記録すればよいですが、時々序跋の文章中に「その他の書名」として採用すべき異形のタイトルがあったりしますし、時とするとそこにしかタイトルらしきものが存在しなかったりすることもあります。そういう場合は本タイトルをそこから採用し、「書名は序文中による」といった具合に記録することになります。

もちろん、引用著作の書名など図書本体と関係ないものではないか、よくよく確認しなければいけませんが、図書をどうひっくりかえしてもタイトルらしきものが見当たらず、序文を読み進めていって「これだ！」というものが見つかったりすると、かなりヤッターという気分になります。

角書（冠称）の処理

NCR87R3・NCR2018で和漢古書におけるタイトルの情報源の三番目のレベルに記されているのは「扉、見返し」（封面）です。これらのものについては、三行縦書きで中央に大きめの文字でタイトルが、右行に著者名が、左行に出版者が、そしてそれらを囲む枠の上部に出版年が横書きで書かれている、というのが標準的なスタイルです。

「新刻訂正○○」といった場合の書名部分の上部が二行書きになっていたり、右があるいは枠の上部の記載がそうしたもので書名の一部となっていると解したほうがよい場合もあります。そうした書名に冠された副次的な部分のことを「角書（つのがき）」、漢籍では「冠称（かんしょう）」と言います。

見返し・扉でなくても、巻頭や題簽でもそうしたものはよくあるのですが、本タイトルとしてはそれらを含んだかたちを採用してかまいません。ただ、注記をしたり異なったかたちでのアクセス・ポイントを記述したりして、そうした部分が角書であることを示しておく必要があります。長

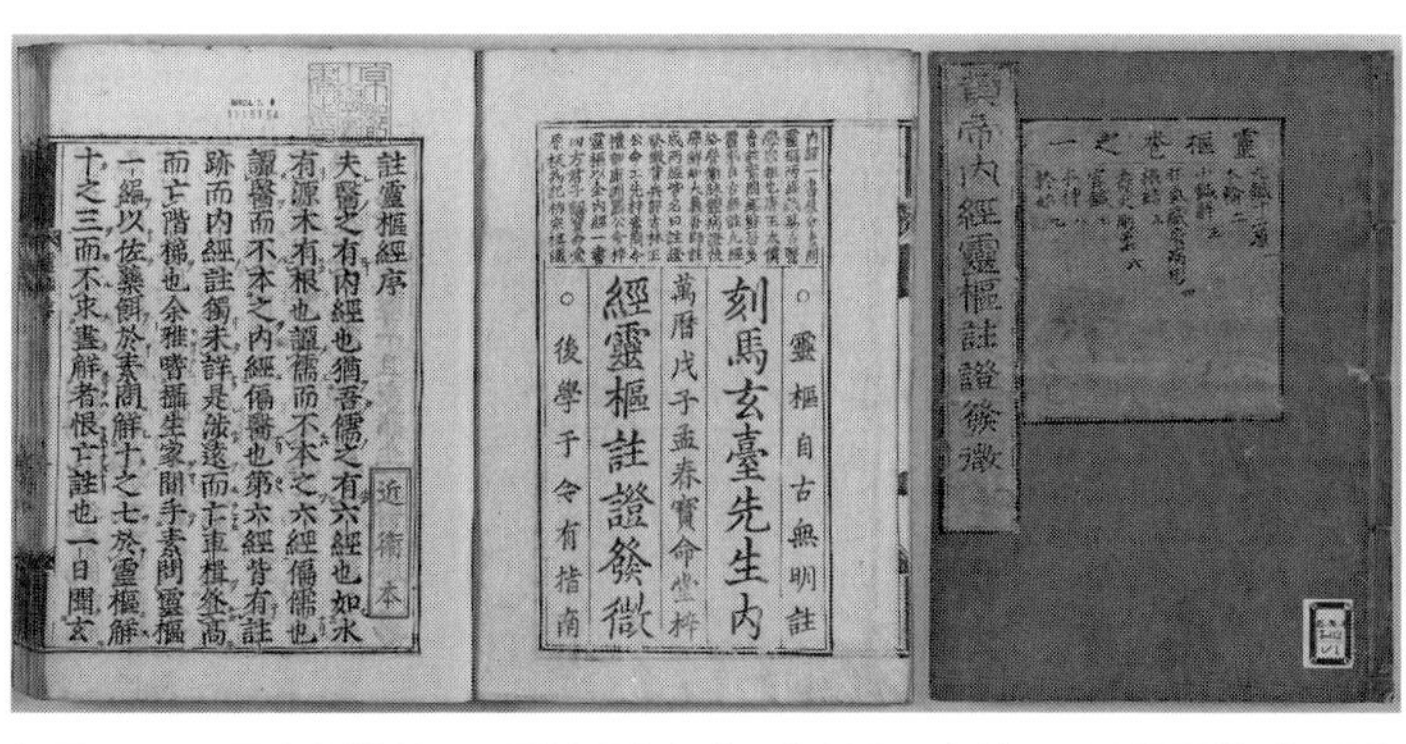

▶図２−７　原本を摸刻した原封面を有する和刻本。表紙には目録題簽（33 頁）を付す。『黄帝内經靈樞註證發微』京都大学附属図書館所蔵。

澤氏編纂の冊子目録では角書部分を括弧に入れるという方法を採っていますが、オンライン目録ではまた、簡潔かつ検索に便な方策を工夫する必要があるでしょう。

唐本を翻刻した漢籍の場合、原本の封面をそのまま摸刻してつけていることが時々あります。もちろん、見返しまたは扉と言ってしまっていいのですが、厳密には原封面と呼ぶべきでしょう。また、扉の前後にもう一枚そうしたものがあったりする場合は、それらは前扉とか中扉とか呼んでおけばいいかと思います。

貴重な柱題

ＮＣＲで「見返し・扉」と同じレベルにある「版心」というのは、袋綴じの本の場合折り目のところにくる、原稿用紙の真ん中の枠にあたる部分で、「柱」とも言います。ここはある意味、本の最も内がわとも言え、そういう意味では安定度は高いのですが、ただここに記されている書名は得てして省略されたかたちだったりしますので、これをタイトルとして扱うかからしてが問題になります。たとえば、明和7年刊『風流茶人質氣(ふうりゅうちゃじんかたぎ)』という本だと、版心にあるのは「茶」一文字だったりします。

しかしながら、前述のとおり（25頁）、草双紙というジャンルの本の場合、書名に関する情報が題簽とここにしか無い、ということがしばしばあります。そして題簽というものはくりかえし言っているように剥落しやすいものですから、結果としてこの柱の書名しか手がかりがない、という事態になります。こうなると柱題というのはやはり重要で、実際そうした事態が珍しくないというのは、つとに明治時代に『黄表紙外題索引』といったツールブックが出ていることからもわかります。

版心の書名と似たものに「のどの書名」というものがあります。「のど」というのは、袋綴じの本の場合、とじ目のあたりの余白部分を言いますが、ここにやはり省略されたかたちの書名と丁付けが記されていることがあります。しかし本文近くでなく紙のはしのほうにあると、しっかり綴じられていれば、とじ目にあたりますので当然ながら見ることができません。

最後の手がかり

以上見てきたような本の各部分に書名が無ければ、所蔵者が後からつけた書名、すなわち原帙でない場合の帙題簽や識語(しきご)（後述）、小口書(こぐちがき)といったところから書名を採用することになります。和装本はほんらい書棚に平積みにして置いておくものですので、小口書の機能としては、洋装本の背と同じく、並べて置いたときの検索や確認に便になるようにということであるわけですが、あくまで所有者が後から書いたものです（民國以降の中国では刊行時に印刷している場合もあります）ので、原則情報源とはしません。

同様に、本章の最初に書いたように、背の墨書も原則情報源とはしませんが、ほかのどこにも書名が無ければ、小口書と同じくそこから採用するということも無いわけではありません。

といった具合に、図書のさまざまな部分から適切なものを選んで本タイトルとして記述するわけですが、ほんとうにどうしても書名が見つからない場合もあります。その場合は何らかの参考書やデータベースから適切なものを採用するか、内容等から適宜書名をつけて補記括弧に入れて記述し、そうした旨を注記するということになります。

文書（もんじょ）であればそもそも標題というのは著録者がつけるのが原則ですが、しかし図書の場合、「書名は目録作成者による」という注記を入れることになると、何となく敗北感を感じてしまうのはわたしだけでしょうか……。

無いものはないので

以上見てきたように、和漢古書におけるタイトルと責任表示の情報源は、「標題紙、奥付、背、表紙」の四情報源ではなく、「巻頭、題簽、表紙」が最も優先されるところの図書のさまざまな箇所ということになり、明治以降の和装本でも、和漢古書扱いするものはそのように処理すればよいです。しかし和漢古書扱いせず現代書として扱う場合、情報源とするのはいわゆる「標題紙、奥付、背、表紙」の四情報源だ、ということでほんとうによかったのか、ちょっとここであえて考えてみたいと思います（なお、以下はすべてあくまで個人的な見解です）。

現代書の和装本の場合で、四情報源にあたるものを考えると、本章冒頭で書いたように、厳密に学問的にはさておき、扉・見返しを標題紙と、題簽・表紙を表紙として扱って問題ないでしょう。奥付も明治以降は現在のものに近くなり、書名が記されていることがスタンダードになってきます。

ということでこの三つについてはほぼ問題ないのですが、「背」についてはどうでしょう。前述のとおり、和装本の場合は造本としてそもそも「背」が存在しないのですから、「四情報源」と言われても最初から三情報源しか現実にはないわけです（背をくるんで綴じたものが無いわけではないのですが、その場合もそこに書名があることはほとんどありません）。

この三つより情報量の豊富で確実な情報源が無いのであればそれで仕方ないのですが、和装本の場合は多くの場合そんなことはありません。和漢古書以来の伝統を引き継いで、巻頭にしっかりと書名と著者が書かれていることが多いのです。そしてそれらが存在する場合、往々にしてその記述がタイトルや責任表示として最も適切なかたちであったりします。さらには、印刷方法が現代のものであっても、巻頭にしかタイトルと責任表示がないという図書も決して珍しくはありません。

そういう実態があるわけなのですが、ＮＣＲでは現代書のタイトルと責任表示の情報源は「四情報源」に限定されてしまっていました。結果、オンラインで見られる書誌レコードを見てみると、こうした和装現代書については作成者によって非常に対応が割れてしまっています。

巻頭にどんなに豊富で確実な情報があってもそれを無視して「三情報源」のほうから記述しているものもあれば、適切なものと判断されればやはり巻頭からタイトルや責任表示を採用しているものもあります。後者の場合やそもそも四情報源がない場合は、該当するもの全部に補記括弧をつけているものもあれば、補記括弧は使わずに「書名及び責任表示は巻頭による」と注記しているものもあり、また和装ということを記述していればある意味当然ということでとくに注記はしていないものもあるようです。

こうした状況については、ＮＣＲ87Ｒ３までの規定において、現代書のタイトルと責任表示の情報源として、「標題紙（標題紙裏を含む）、奥付、背、表紙」としたあとに、「ただし、和装本など背の無いものについては背の代わりに巻頭を情報源とする」といった「ただし書き」があれば、それですべて問題なくおさまったのに、と思わないではありません。和装本は、何しろ背はそもそも存在しないのですから、こうした発想はきわめて自然だったはずだと思うのですが。

ＮＣＲ２０１８では、#2.0.2.2.1.1B、#2.0.2.2.1.2の規定で、「キャプション」も情報源に加えており、和装本の巻頭は「キャプション」にあたると解釈できるのであれば、この問題は解決しそうです。ただ、優先順位を規定して奥付や表紙より低くしているのはやや問題で、和装本の場合、例外的に柔軟に運用したほうがよいかとは思います。

第3章　書誌的巻数と巻冊次

現代書では「巻」は「冊」と基本的にイコールとして使われますが、和漢古書では異なるものを指します。この「巻」の扱いは和漢古書の大きな特徴の一つですので、きちんと理解しておく必要があります。

和漢古書の巻数

元来からすれば、中国や日本においても、図書はもともと巻物として誕生したわけで、巻物の場合当然ながら、「〇巻」というのがイコール物理的にいくつある、ということを示していました。ところが、巻物から冊子に図書の主流が変わってきた際、この「巻」というのは物理単位と直接かかわらなくなりました。もとの巻物の何巻分かを1冊に綴じることもありましたし、1巻分を複数に綴じ分けることもあったわけです。

そのようにして、「巻」は物理単位としては使われなくなったのですが、著作のなかのまとまりを示す語としては使われつづけました。現代書で言えば、ちょうど「章」のようなものですね。

ただ「章」などとはやはり意味合いが違い、たとえば『類聚歌合（るいじゅうたあわせ）』という同じ書名で10巻本と20巻本とでまったく内容が違う、といったようなことも多々ありますので、和漢古書では、「全体が何巻から成っているか」というのは非常に重要な情報として、書名の一部として記録する慣習になっています。

伝統的には「巻数」と言えばそれで通じるのですが、現代の一般的な感覚だとやはり物理的な冊数と混同される懸念があるということで、ちょっと熟さない表現ではありますが、ＮＣＲではこれを「書誌的巻数」と呼称しています。

記述のしかたとしては、ＮＣＲ87Ｒ3では「2.1.1.1A（古）和古書、漢籍については、書誌的巻数を、本タイトルの一部としてその末尾に、スペースに続けてアラビア数字で記録する。」と規定しています（改訂前はカンマ、スペースに続けて記録していました）。例示にあるように、「古今和歌集 20巻」などと書くほか、本体の通巻と別に「附録」とか「補巻」とかがある場合は「八家四六文註 8巻補1巻」といった具合に書きます。ＮＣＲ２０１８でも、#2.1.1.2.12の規定でこれを踏襲しています。

いろいろなパターン

各巻の書名が途中で変わっても、合集などでないならば、1書誌として扱い、全体の巻数を記録します。すなわち、タイトルを「遍照發揮性霊集（へんじょうほっきしょうりょうしゅう） 10巻」と記録した上で、「第8-10巻の巻頭の書名：續遍照發揮性靈集補闕鈔」と注記する、という具合になります。

逆に、巻数の表示が連続していても、合集あるいは合刻として扱うならば、それぞれの書名と巻数を数えて記録します。たとえば『儀禮經傳通解』『儀禮集傳集注』の合刻本（後述）で、版心の巻数は第1から第37までの通巻だったとして、タイトルの記録としては「儀禮經傳通解 23巻」「儀禮集傳集注 14巻」となります。

「巻」と同じ意味で、「輯・集・編・篇・回」などが使われている場合、そのまま同様に「4集」「10編」のように記録します。中国の明清のころの白話小説（章回小説）にその例が多いですが、「～巻～回」などとなっている場合、ともに巻数として「平山冷燕 4巻20回」のようにつづけて記入します。

「～集～巻」のように、巻より大きなもとまりを表わすものについては、原則として書名の一部として扱うか、あるいは巻数と連動する部編名として扱い、「和説假名論語 前編3巻後編3巻三編3巻」という具合に、数字があっても漢数字のまま記入します（なお、この例は「和説假名論語 3編9巻」と書くことも可能です）。

巻頭の書名について述べたとき（31頁）に書きましたが、書名の記録において共通部分の抽出を行なった場合、「杜律集解 五言4巻七言2巻」のように、非共通部分は巻数と連動させて表記することができます（現物は『杜律五言集解』4巻と『杜律七言集解』2巻）。このとき、全体の巻数を記録する必要はありません。同様に、巻数と連動する部編名は「東華續錄 咸豐朝100巻同治朝10

0巻」のように巻数の前に記録します。

全体の巻首・巻末に、内容のあるまとまった分量の記事が本文の巻数と別個に入っている場合、「首~巻」「末~巻」と記録します。もっとも、序・凡例・目次・跋のようにほんらい存在して当然なものは、たとえ目次や版心に「首巻」「末巻」などと記されていてもふつう記録しません。ただし、それらが2巻以上ある場合、また複数冊のもので1冊がまるまるそれらに充てられている場合などは、「目録2巻」「序目1巻」などと記録します。

図版・表などは、内容のあるまとまった分量のものが本文の巻数と別個に入っている場合も、「圖~巻」「表~巻」と記録します。ただし、目録もしくは版心などに明記されていなければ、とくに必要が認められないかぎり記録しなくてよいです。なお、現物では「附録」や「表」などが本体より前にあったとしても、書誌的巻数の書きかたとしては、あくまで本体の巻数を最初に書き、「桂洲先生文集　50巻首1巻年譜1巻」のように記録します。

坿出のケース

本文に付随する性格のものが本文の巻数と別個に入っている場合は、「坿~」と記録することができます。「疇人傳　52巻坿近代疇人著述記」のような具合に書きますが、このとき、「近代疇人著述記」は内容著作として改めて注記しておいたほうがよいでしょう。上にあげた「図」「表」「附録」などで、それらが固有のタイトルを持つ場合も同様です。

「桂洲先生文集 50巻首1巻年譜1巻」のような場合も、「桂洲先生文集 50巻首1巻坿年譜1巻」のように「坿」を用いる書きかたもあり、どちらでもかまいません。冊子目録などでは、年譜のような伝記資料が含まれている場合、索引に副出するために「坿」を用いていることが多いようです。

また、本体と別個のものがひとまとまりとして付随している場合のほか、各巻末に「音義」とか「校勘記」とかいったものが附されているようなケースでも、「坿」を用いて「九章算術(きゅうしょうさんじゅつ) 9巻坿音義」のように書くことができます。

存巻と欠巻

巻単位で欠失がある場合、そのことも「書誌的巻数」の位置で表現します。なお、巻単位ではなく単に欠損があるという場合は、注記にのみ記録することになります（201頁参照）。NCR2018の #2.1.1.2.12では、NCR87R3の2.1.1.1A（古）を若干表現を変えて踏襲し、「欠巻がある場合は、完本の巻数を記録し、続いて記述対象の現存巻数を「存」を冠して丸がっこに入れて付加する。完本の巻数が不明な場合は、現存巻数のみを「存」を冠して丸がっこに入れて付加する。存巻ないし欠巻の詳細については注記として記録する。（参照 #2.41.1.2.5を見よ。）」としています。

基本的にこれでよいのですが、欠巻がある場合、つねに書誌的巻数のところで記録するかというと、冊子目録等では、全体の半分もしくは3分の1程度以上が欠けている場合のみ「～巻（存○巻）」と記録し、欠巻の割合が少ない場合は注記するにとどめていることも多く、実質それで問題ありません。

すなわち「大倭本草（やまとほんぞう） 16巻附録2巻諸品圖3巻（存12巻附録2巻諸品圖3巻）」などという書きかたはいささかくどすぎるのであって、こういう場合タイトルは「大倭本草 16巻附録2巻諸品圖3巻」とだけして、欠巻の内容を注記するのみでじゅうぶんとする、というのがむしろ伝統的なやり方です。

また、NCRの例示も、注記で使用している記号などあまり適切とも言いがたいような気がしますし、「存巻（そんかん）」「闕巻（けっかん）」というのは漢籍では使いますが、和古書の場合は「〜を存す」「〜を欠く」といった書きかたのほうがよいかと思います。ちなみに漢籍の冊子目録などで目にする「闕巻第2第4至第6」といった書きかたは「第2、4〜6巻を欠く」ということを意味します。なお、一部の巻しか残っていないものを翻刻したとか、成立時や刊行時から一部の巻が欠けていたとかいう場合は、「原闕巻〜」と注記します。

さて、存巻の記録にあたって注意したいのは、タイトルのところで書誌的巻数として記録するのは、あくまで「何巻分がある」「何巻分が残っている」ということであって、「第○巻が残っている」ということではない、ということです。たとえば、全5巻の図書で、残っているのが第1巻だった場合も第2巻だった場合も、書誌的巻数の記録はどちらも「5巻（存1巻）」ということになり、「第1巻を存す」「存巻第2」といったことは注記に記録することになるわけです。

逆に言えば「5巻（存2巻）」とあったら、それは第2巻が残っているということではなく、第1

と2、あるいは第3と4、その他どういう組み合わせでもよいのですが、「2巻分が残っている」ということを意味します。時々そのことを明らかに勘違いして記録している書誌を見かけますが、「巻次」と「巻数」とを混同しないように、よくよく注意しましょう。

巻数のカウント

図書によってはもちろん、「巻」というかたちで中身が分かれていないようなものもあり、そうした巻立て(かんだ)がないような本の場合、NCRでは巻数は記録しなくてもよいことになっています。ただし、漢籍の場合は、そうしたものも「1巻」もしくは「不分巻」と記録するのが伝統的なやり方であり、冊子目録などではそうなっていることが多いです（おおむね本体が50丁を超える場合に「不分巻」とします）。

巻立てされていない本体と附録等から構成される場合は、「1巻附録1巻」のように記録することができます。こうしたものを「朱子訓子帖(しゅしくんしじょう) 1巻附録1巻」という具合に記録したほうが、「朱子訓子帖」と「訓子帖附録」の合集、といったようなかたちで記録するより、はるかにスマートです。

巻数をカウントする場合、たいていは巻次が各巻の首尾に記されているのがふつうですので、そこを数えて記録します。巻首・巻尾に明記されていない場合も、版心やのどに記載があることが多いです。草双紙類の場合、5丁ごとに柱の上段・中段・下段が黒塗りされているなどしていて、そ

▶図３−１　黒塗りの位置で巻次を示している草双紙の柱刻。『どうけ百人一首』国立国会図書館所蔵。

れが巻次を示していることになります。

それらに記載がなくても、目次から判明・採用する場合もあります。ただし、それぞれ虚偽の巻次・巻数を記している場合もありますので、注意が必要です。

原則として、1巻のなかでは丁数は連続しており、巻が改まると丁付けも改まるのがふつうです。ただし、丁付けが連続していても、本文等に巻が改まっていることが明示されていれば、そこから巻が改まったものと見なすことができます。とは言っても、冊や内容が変わっただけでは巻が改まったとは見なしません。逆に、本文に巻が改まっていることが示されていなくても、丁付けが改まっていれば、そこから巻が改まったものと見なすことができます。

一つの巻がさらに「上下」や「乾坤」に分かれている場合もありますが、そうした場合は複数巻としてカウントせず、あくまで1巻分としてカウントするのが原則です。

零本の扱い

多巻物の古典で1巻だけ残っているようなもの（零本（れいほん））などの場合は、NCRにもあるように、「源氏物語若紫巻」「大般若波羅密多経巻三百八十二」のように、巻次を含めて本タイトルとして記録することができます。この場合、数字はアラビア数字に置き換えることはせず、情報源に表示されているままに記録します。あるいは、巻次にあたる部分はタイトル関連情報として記録するのでもよいかもしれません。

なお、題簽や見返しに「全」「単」「完本」などとあるものは、図書の構成状態を示すものですので、書名の不可分の構成部分と見なされないかぎり、記録する必要はありません。

和装本の巻冊次

現代書では「巻次」は「冊次」と同じように使われますが、和漢古書では「巻」と「冊」が一致しないことはごくふつうです。冊子目録等ではそもそも巻冊次を書誌に記録することはしないのですが、それはひとまず措いておいて、和装本の題簽や表紙に見られる冊次の表記について、ちょっと見てみようと思います。

現代書と同じように、「一・二・三……」の序数になっているものや「前・後」「上・中・下」などはわかりやすいのですが、「乾・坤」「甲・乙」などはいかにも古めかしいですね。「麟・鳳・亀・龍」（霊獣）、「宮・商・角・徴（ち）・羽」（中国音階）、「仁・義・礼・智・信」（儒教の徳目）、「子・丑・寅・

卯・辰・巳・午・未・申・酉・戌・亥」（十二支）など、知識が求められるものも。「元・亨・利・貞」（『易経』）、「賦・比・興（きょう）・風・雅・頌」（『詩経』）など、経書（けいしょ）（儒教の経典（けいてん））に由来するものもあります。

それが巻冊次であることに案外気づきにくいものとして「本・末」というのがあります。「唐物（からもの）語（がたり）　本」とだけあって2冊目が欠けていたら、この「本」とは何のことか、一瞬わかりかねるかもしれませんね。逆に「本」が巻冊次だとわかれば、手元の「唐物語」がもともと2冊セットだったことがわかります。同様に、「他山之石　宮」「他山之石　角」という2冊だけが手元にある場合、この「他山之石」はもともと5冊セットだったことがわかるわけです。

ただ注意が必要なのは、「上」がもと「上・下」の2冊セットである場合と「上・中・下」の3冊セットである場合とがあるように、残された冊から推測できるもとのセットの冊数が何パターンか考えられるケースです。「元・亨」「麟・鳳」とあったら、これで完結している場合と上記4冊セットの場合と両方考えられます。「甲・乙」もこれで完結しているかもしれませんし、「甲・乙・丙・丁・戊・己・庚・辛・壬・癸」（十干）で10冊セットの一部かもしれません。

同じ文字が違う一揃いの中で使われる場合もあります。たとえば、「礼」は「仁・義・礼・智・信」という5冊セットのほか、「礼・楽・射・御・書・数」（『周礼（しゅらい）』にある、君子の身につけるべき教養・「六芸（りくげい）」）の6冊セットの場合でも使われます。手元に3冊ずつ別々のセットものの一部と思われるものがあったとして、片方の巻冊次は「金・木・火」とあり、もう片方は「金・木・石」とあれば、前者は「木・火・土・金・水」（陰陽五行説の「五行」）の5冊セットの一部、後者は「金・石・糸・竹・匏・土・革・木」（楽器の素材・「八音」）の8冊セットの一部と考えられます。「月」なども、「日・月」で2冊セット、「雪・月・花」で3冊セット、「花・鳥・風・月」で4冊セットという具合に使われます。ちなみに、「日・月・火・水・木・金・土」で7冊セット、などという古書はありません。なお、「月」を使ったセットと言えば、「花・月・雪・星・宙」に決まっている！　とおっしゃる方もいるかもしれませんが、残念ながらそういう古書もないと思います。宝塚ファンの皆様、申し訳ありません……。

「之」の用法

和装本の巻冊次に見られるさまざまな文字の組み合わせについて見てきましたが、もっともそれらは多分にリクツ上のことで、実際にはいろいろなパターンが出現します。たとえば、手元に「坤冊」とあるので、ではこれは「乾坤」の片割れで（ちなみに「乾坤」とは「天地」の意味）2冊セットの一部だと思いきや、実際には「乾冊之上」「乾冊之下」「坤冊」の3冊セットだった、などということがままあります。

この「之」、現代書では「～のなかの～」という、下位の階層を示すのに用いられますが、古書では別の用法で用いられることがありますので、注意が必要です。すなわち、「二之四」とあったら、「二」のなかの第4番目の冊ということを表す場合のほか、「2から4まで」ということを表す場合があります。ちょうど現代書の「〜」に相当するわけですね。この用法はしばしば見られるので、知っておいて損はありません。

「一」とあっても

手元にセットものの一部で、巻冊次に「天」とあるものがあった場合、「天・地」で2冊セット、「天・地・人」で3冊セット、「天・地・玄・黄」で4冊セット、「天・地・玄・黄・宇・宙・洪・荒」で8冊セットの可能性があります。「天地玄黄　宇宙洪荒」というのは『千字文（せんじもん）』の冒頭の句ですが、『千字文』とは中国・梁の時代（6世紀）に、一字も重複しない千の漢字で作られた長詩で、ちょうど日本の「いろは歌」のように子どもの文字教育に広く用いられました。ですので、理論的には1000冊までの序数を示すものとなりうるのですが、実際にはこの4冊もしくは8冊のものがほとんどです。

このように使用されている漢字が重複しなければいいので、巻冊次として漢詩の一部や全句が用いられることも時々あります。わたしがかつて目録データを作成したことがある『經訓堂叢書（けいくんどう）』という漢籍の20冊のセットでは、巻冊次にあたるものが「白・日・依・山・尽・黄・河・入・海・流・欲・窮・千・里・目・更・上・一・層・楼」となっていました。これは唐の王之渙（おうしかん）という人の「登鸛鵲楼（鸛鵲楼（かんじゃくろう）に登る）」というたいへん有名な五言絶句を用いたものです。

しかしながら、著名な詩とはいえ、なぜこの詩句を使ったのやら。第18番目を見てください。巻冊次「一」ですよ。揃いになっていればいいですが、もしこの冊だけ残されていたとしたら、第1番目の冊と勘違いしてしまうことでしょう（17番目も「上」なので、もしこの2冊だけが残されていたら、わけがわからないですね）。

和漢古書のセットものの中味の順番を正しく判断するのは、そもそも本の外がわに巻冊次の表記がなかったり、題簽が間違って貼られていたりすることもよくあることですので、知識・経験がないと結構むつかしいことなのです。

おとうとが何人？

本の外がわに巻冊次の表記自体がないというケースは、とくに中国で出版された図書には多いですが、まあ本の外がわに表記がなくても、本文は「巻第一」「巻第二」～などとなっていることが多いですから、複雑な構成になっていなければ、ちゃんと見ていけば順番はだいたいわかります。ただし、和漢古書では巻と冊とは一致するとはかぎらないと書いたとおり、1冊のなかに複数の巻があったり、1巻が複数冊に分かれていたりすることはふつうです。

ところでこの「第一、第二……」、図書によっては「弟一、弟二……」となっているものがあります。「おとうと1」「おとうと2」？　誤記でしょうか。

このように間違った漢字が使われているのではないかというケース、誤記という以外に、以下のようなことが考えられます。一番目は「避諱（ひき）」という、皇帝をはじめとする目上の者の本名（諱（いみな））

を避けるという習慣のために文字を置き換えたケースです。二番目は音通といって、音が同じ別の文字を互いに代用させるケースです（「間」と「閑」、「徳」と「得」など）。三番目は減筆といい、部首を省略する表記法で、ハンコ（篆刻）でよくあります。有名な「漢倭奴國王」の金印の実際の印文は「漢委奴國王」ですが、このとき「委」は「倭」の減筆である、と説明されます。

といったことが考えられるのですが、この「弟」と「第」、（音通とも言えなくはないですが）このいずれでもありません。

順序づけを表す「第」という文字ですが、実はこの字が使われるようになったのはかなり後の時代になってからのことで、もともとは「弟」が順序づけを表す文字だったのです。紀元100年に成立した『説文解字』という権威ある古代中国の字書がありますが、この字書の見出し字には「第」の字はなく、「弟」を引いてみると、「韋束之次弟也」（ひもで束ねる順序）とあります。「おとうと」というのはこの「順序」ということから派生した意味と考えられますが、時代が下るにつれ「弟」はもっぱらその意味でのみ使われるようになり、「順序」の意味では「第」が使われるようになりました。ですので、学問的に厳密な意味では「弟」を使うほうがほんらい正しいということになるわけです。誤記と思って「第」に訂正して記録したりしてはいけません。

說文解字注分卷目錄
弟一卷
說文解字弟一篇注上

▼図3-2　順序を意味する「弟」。『説文解字注』国立公文書館所蔵。

この「弟一」「弟二」〜という表記、文字学の研究が進んだ清朝後期の専門書にその例が多いです。

避諱こもごも

避諱について補足しておくと、たとえば清朝の乾隆帝の諱は「弘暦」といいましたので、それぞれの文字は同音の「宏」「歴」で代用されました（このようによく使われる文字だとたいへんだということで、乾隆帝の子の嘉慶帝は「永琰」から「顒琰」に、孫の道光帝は「綿寧」から「旻寧」に、それぞれ即位後に改名するという配慮をほどこしたりしています）。

避諱の方法としては、文字自体を置き換えるほかに、一画を略して書く「欠画」というやり方もありました。清代に刊行された『康熙字典』では、康熙帝の諱「玄燁」を避けて「玄」「燁」のそれぞれ最後の一画が省略されているのを確認することができますし、日本で翻刻されたものの中にもそれらをそのまま踏襲してしまっているものがあったりします。

こうした皇帝の諱を図書や文書でうっかりそのまま使ったりすると、大不敬ということで死刑に処されるほど厳しいもので、とくに宋代と清代がきわめてやかましかったのですが、逆にそれらの文字が使用されているか否かで、出版年・書写年が限定できるという効用があったりします。たとえば、清初の大詩人で王士禎という人がいますが、この人はほんらい「王士禛」という名だったのを、没後に雍正帝（乾隆帝の父）の諱「胤禛」を避けて「王士正」と、さらに乾隆期に「王士禎」と改名させられています。ですので、欠画なしで「王士禛」とある書物があったら、それは雍正の前の康熙年間に刊行されたものだと判断できる、というわけです。

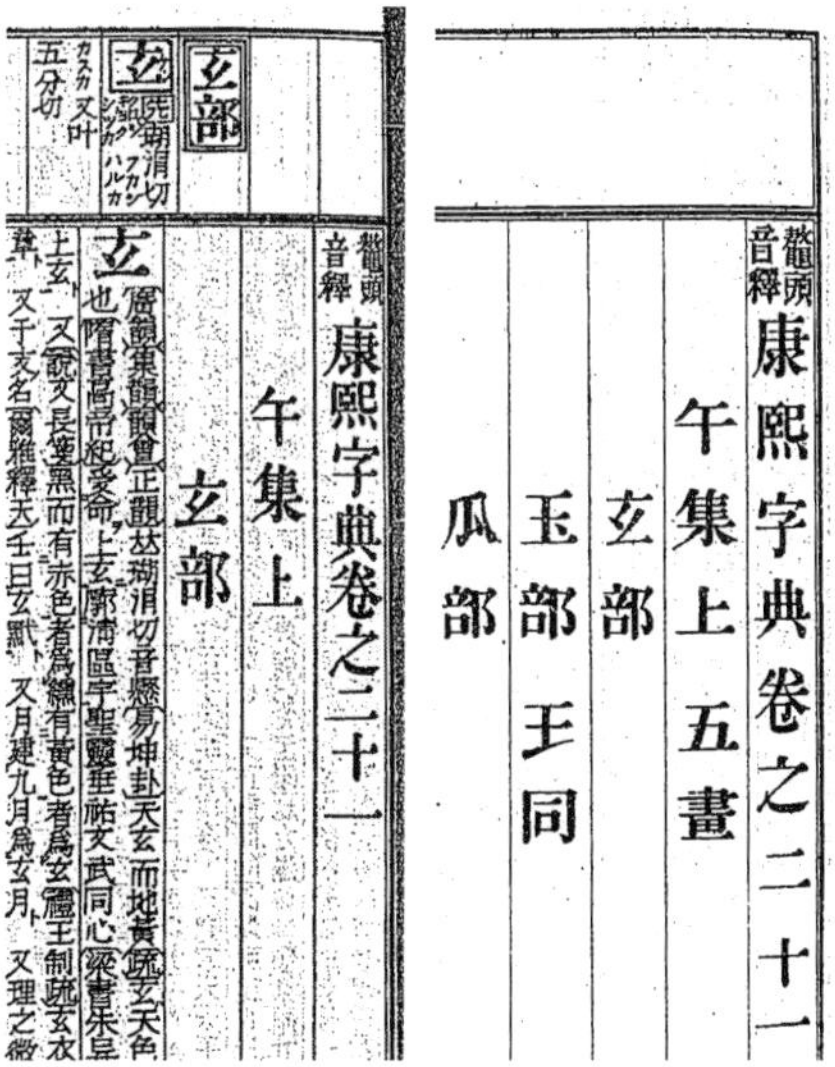

鼇頭音釋 康熙字典卷之二十一
午集上 五畫
玄部
玉部 王同
瓜部

鼇頭音釋 康熙字典卷之二十一
午集上
玄部

▼図3-3　明治期に日本で出版された銅版本だが、清の康熙帝の諱（玄燁）の「玄」の末筆が欠画されている。『鼇頭音釋康熙字典』国立国会図書館所蔵。

第4章　責任表示

書名、巻数、巻冊次と見てきましたので、つづいて責任表示について見ていきましょう。

「撰」もいろいろ

現代書と比較して、和漢古書の特徴としてあげられることの一つに、役割表示の表記の多様さがあります。たとえば、編纂や翻訳ではなく著作であることを示す役割表示として、「著」「作」「撰」「述」「記」「學」「傳」「稿」「解」「録」「誌」「造」等々があげられます。

編纂や翻訳ではなく著作である場合、既存の漢籍目録では、現物にどう書いてあろうとすべて「撰」に統一する、という方針になっていることもしばしばです。あまりにも表記が多様なので、そのままだと混乱するということもあるでしょうが、その役割表示を用いることに、著者の意図やこだわりが感じられることもありますので、できるだけ転記したほうがよいという考え方もありえます。孔子も「述べて作らず」（『論語』述而第七）と曰(のたま)って区別しているのに、どちらも「撰」にしてしまうのはやはりよろしくないかと。

ところでこの「撰」ですが、つねに「著」と同じ意味の役割と考えては具合の悪いことがあります。「新撰組」「新選組」どちらの表記もあるように、「撰」は「選」と同義で「多数のなかから選ぶ」という場合のこともあります。「古今和歌集」や「新古今和歌集」など、いわゆる二十一代集のことを「勅撰集」といいますが、これは天皇・上皇の命によって選んだ歌集で、天皇・上皇個人の歌集ではありません。「〜撰」とあっても、その個人の著作ではなく、その人が選んだものであることもあるわけです。

「撰集」「選集」という役割表示もあります。その人が選んで集めた、ということですね。これを、現代書にあるケースと混同して、タイトル関連情報としてしまったりしてはいけません。

「撰」について言えば、「撰次」などという役割表示もあります。『傷寒論』という著名な医学書を見てみると、「漢　張仲景述　晋　王叔和撰次」となっています。これは張仲景という人が述べたものについて、後の時代の王叔和という人が順序（次第）を選択決定した、ということで、意味としてはむしろ「編纂」に近いと言えそうです。

ごくまれにですが、ちょっと注意が必要なケースがあります。『四時園詩集』『歳華紀麗譜』『玉几山房聴雨録』『十七帖述』といったタイトルのものなのですが、どういうことかと言うと、それぞれ「米田是著」「費著」「陳撰」「王弘撰」という、名前そのものが「〜著」「〜撰」という人の著作です。

「同」に注意！

名前そのものが「〜著」「〜撰」という人の著作をあげてみましたが、実はもっとよく名前に使われる字で、しかもややこしいことになる文字があります。「同」という文字です。「同」なんて役割表示がある？　いえ、そういうものはないのですが、「同撰」「同輯」「同校」というように、役割表示の前につくかたちでよく登場します（「仝〜」とも書きます）。どういう意味かというと、「一緒に〜した」という意味です。

現代書で言えば、「共著」といった場合と同じような意味ですが、実はもっと厳密な使われかたをします。「同〜」とあったら、それはここからここまでは誰が、ここからここまでは誰がという具合に分担が明確では「ない」場合に使われます。分担が明確な場合は、「同」をつけないか、あるいは「合〜」と書きます。複数巻から成る著作で、校訂者がたとえば三人いた場合、どの巻も三人で校訂したなら「甲、乙、丙同校」となりますが、巻ごとに担当を分けているならば、「甲、乙、丙校」となるわけです。

ですから、現物に「同〜」とあったら、著作全体にかかわるのであれば、必ずそのように転記しなければなりません。「同」の字を省いてしまうと、その人が著作に果たしている役割を正確に示せなくなることになってしまいます（ただし逆に、現物には「同〜」とついてなくても、実際には分担なしに関与しているということはしばしばあります）。

なお、「同〜」とあるのは基本的に複数の人が一緒に何々したということですが、一人に対して

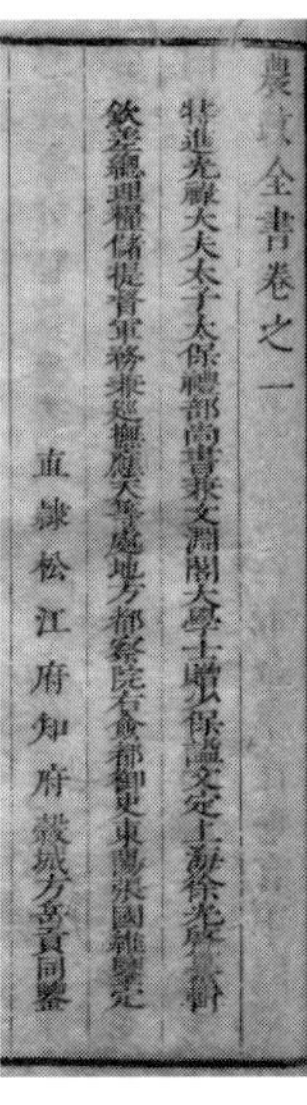

農政全書巻之一
特進光祿大夫太子太保禮部尚書兼文淵閣大學士贈少保謚文定上海徐光啓纂輯
欽差總理糧儲提督軍務兼巡撫應天等處地方都察院右僉都御史東陽張國維鑒定
直隸松江府知府穀城方岳貢同鑒

▼図4-1『農政全書』の責任表示。国立公文書館所蔵。

「同」が使われている場合も例外的にあります。たとえば、『農政全書』という本では「徐光啓纂輯　張國維鑒定　方岳貢同鑒」という責任表示になっています。この場合は、「鑒定」については「張國維」のほうがメインで、「方岳貢」のほうは、「同に鑒す」ということで、「一緒に」ということではあるにしろ、サブ的に関与した、ということを示しているように思われます。

ともあれ、譚嗣同さんやら張堯同さんやら萬斯同さんやらいろいろいますので、名前の一部なのか役割表示の一部なのか、間違えないように注意が必要です。

頭を抬げる

「同」のほかに、役割標示のところで注意が必要な文字として、「奉」という字があります。これも単独で用いられるのではなく、「奉勅撰」「奉敕輯」という具合に使われるもので、皇帝・天皇の勅命を奉じて著述・編纂したということです。あくまでも誰それが「勅を奉じて」撰したのであって、皇帝自身の著作ということではありません。仏書でもよく「奉詔譯」というのが出てきますし、皇族や朝鮮の国王などの場合は「奉命撰」「奉旨撰」という具合になります。

現物では、しばしば「奉」のあと改行して「勅撰」が次の行の行頭にあることがよくありますので、注意が必要です。なぜそんなことになっているかというと、皇帝に関係する文字――「勅」とか「皇」とか、あるいは歴代皇帝の諡号・廟号、当代の王朝名などを書く時には、敬慎の意を示すために、その字の上を1・2字分空けるとか、行を改めて書くとかする慣習があるためです。空格を設けるのを「闕字」、改行するのを「平出」と言い、後者のほうがより敬意を示すことになりますが、さらにさらに敬意を示そうとすると、改行したうえで該当字を他の行の先頭より上に飛び出させる「抬頭」という形式も用いられたりします。

ちなみに皇帝の著作については、漢籍目録では「乾隆三年御定」というふうに、年代＋皇帝のものであることを示す役割表示のかたちで書くという決まりごとがありますが、現物には必ずしもそう書いてあるわけではないので、ＮＣＲに沿って記述するとなると、適宜補記する必要があります。

お孫さんですか？

和漢古書でややこしいことになる字として「同」「奉」の字のことを書きましたが、責任表示のところで注意が必要な字をもう一つあげたいと思います。

和書でも漢籍でもよくあるのですが、著者の親類縁者が副次的にその著作に関与しているとき、姓を書かずに著者との続柄のみを書いていることがあります。たとえば、『孫子國字解』という図書では、巻頭の表示は「物茂卿著　男道済校」となっています。物茂卿（ぶつもけい）＝荻生徂徠（おぎゅうそらい）の著作で、息子――実際は養子――の道済（どうさい）＝荻生金谷（きんこく）が校訂したものです（「男」「女」は「長男」「長女」というように、一文字で「むすこ」「むすめ」を意味します）。

直系ではなく、弟やら甥やらがかかわっている場合も多々あり、しばしば「弟～」「甥～」となっています。ちょっと注意が必要なのは「姪」で、これは現代日本では「兄弟姉妹のむすめ」の意味ですが、和漢籍の責任表示のところでお目にかかる場合はおおむね「姉妹のむすこ」を表す字です（「兄弟のむすこ」が「甥」。「めい」は「甥女」「姪女」と表記されます）。

さて、このように続柄のみが書かれている場合、目録の責任表示のところでは姓・名のかたちに直す、または補記するか（ちなみに、漢籍の冊子目録では現物の表記にかかわりなく本姓名を記録するのが原則になっています）、転記するにしても姓・名のかたちの統一形を立てる必要があります。ただ転記しただけでは、それが続柄であるということを理解しているかが明らかになりません。

まあ、「子」「男」「女」「弟」「甥」「姪（侄）」などであれば、そんな姓の中国人も日本人もまずいませんから、ああこれは著者との続柄だなとすぐわかって紛れることはないのですが……「孫」さんはどっさりいます！　ということで、図書に「孫～」とあったら、それが著者のお孫さんなのか、それとも血縁関係のない孫なにがしさんなのか、ちゃんと判断しなければならないのでした。

もっとも、「孫」さんの著作で、そのお孫さんが校訂したというとき、現物に「孫某校」とあったら……うん、頭を悩ます必要は無さそうですね。

そこまでして

「物茂卿＝荻生徂徠」という例をあげましたが、この「物茂卿」、正確に言うと「物・茂卿」とすべきもので、これは漢学者が中国風に名乗った姓名です。「茂卿」というのが本名すなわち諱で、「物」というのは荻生氏の本姓の「物部」を中国風に一文字にしたものです。このように、日本人が中国風の姓名を名乗ることがしばしばあります。

そもそも、姓と氏というのは中国でも日本でもそれぞれほんらい別の概念なのですが、江戸時代頃の日本で言えば、「姓」というのは「源・平・藤・橘」の類、すなわち本姓をさします。「徳川家康」の「徳川」は姓ではなく氏（苗字）で、徳川家の本姓は「源」ですから、「源家康」というのが正式の名乗りということになります（もっとも、若い頃は「藤原」姓を称していたそうですが）。

「源」や「平」あるいは「橘」「紀」などは一字姓ですのでそのまま中国風になりますが、「藤原」「菅原」「大江」などの場合はそのままではどうにも和風ですので、これらの姓の人は「藤～」「菅～」「江～」と称します。藤原貞幹が藤貞幹と称したり、菅原道真を菅丞相と呼んだりする類ですが、このように中国風に一文字にして名乗った姓を「修姓」と言います。荻生徂徠の場合の「物」は「物部」の修姓というわけです。

当然ながら、漢籍の注釈書や漢詩文集といった種類の書物にこの修姓の例は多く――中華趣味の気取りと言っていいかと思いますが――、目録をとる際に注意しなければなりません。「源」とか「藤」とかいったのは、中国風ではあっても実際には中国にはほとんどない姓ですから大体すぐ分りますが、「江」（「大江」の修姓）や「安」（「安倍」の修姓）などは紛らわしく、うっかり中国人と間違えてしまったりしていると、ちょっとみっともないことになることがあります。もっとも、ご本人にしてみればまさにしてやったりということかもしれませんが。

さてこの修姓、ほんらいは本姓を中国風にするのでしょうが、そこはあまり厳密でもなくて、苗字を中国っぽくしている例もたくさんあります。「田宮仲宣」が「田仲宣」と名乗ったり、「木村兼葭堂」が「木孔恭」と云ったり、「鈴木芙蓉」が「木芙蓉」と称したりしているのですが、もっとも、田さんはよくありますが、木さんなどという中国人はまずいないと思われます。

鈴木さんで言えば、幕末明治期の「鈴木松塘」という漢詩人は、「鱸松塘」と称したりしています。もちろん、「鈴木＝鱸」ということで、きっと「ろ・しょうとう」と呼んでもらいたかったのだと思いますが、でも「鱸」などという姓も中国にはいないような。必ずしも修姓とは言い切れないものの、ほかにも何人か「鱸」を称した鈴木さんはおり、そこまでして中国風の一文字の姓にしたいか、と突っ込みたくなりますが、そのヘンな努力にちょっと感心しなくもありません。

「号＋姓＋名＋字」の順番です

和漢古書で最も優先される責任表示の情報源になる本文巻頭の表記が、「物茂卿」のような「姓＋名」だけのかたちであればシンプルでわかりやすいのですが、実際はそうしたものはむしろ少なく、慣れないとどこが姓名なのやらわかりにくいかもしれません。

たとえば雨森芳洲の『橘窗茶話』という著作の巻頭を見てみると、「對馬 芳洲雨森東伯陽甫著」とあります。「雨森」が姓（苗字）で「東」が名なのですが、その前後にいろいろ文字要素がついています。

まず、「東」のあとの「伯陽」ですが、これは「字」で、もともと中国の習慣によるところの、本名を呼ぶのを忌み憚ってつける「呼び名」です。本名は「諱」ともいい、自称では用いますが、他人の本名を呼ぶというのは極めて失礼に当たることになるので、成人した時に本名のほかにこの「字」というものをつけます。「伯陽」のあとの「甫」は、字のあとにつける美称です。このほか、「名」や「字」のあとに、「～先生」「～大人」などといった敬称をつける場合もあります。

つぎに、前のほうにつくものですが、まず「對馬」（対馬）は、この人の本籍地です。中国ではこれを郷貫と言いますが、日本の地名でも「山城」を「城州」というように中国風に言うことがあります。なお、この位置に書くのは基本的に本籍地ですが、居住地を書く場合もあります。

さて、残るは「芳洲」ですが、これは「号」すなわち雅号で、今で言えばペンネームのようなものです。「漱石」「鷗外」「啄木」「子規」みな号です。「号」は「姓＋号」のかたちももちろんありえますが、尊称の場合や名や字と一緒に用いられる場合は、姓の前に置かれます。たとえば石川鴻齋（鴻齋は号・名は英・字は君華・修姓は石）といった人の場合、「石川鴻齋」のほか

▼図4-2 『橘窓茶話』巻頭。国立国会図書館所蔵。

「石（川）英君華」「鴻齋石（川）英」「鴻齋石（川）英君華」「鴻齋石（川）先生」といった表記はありますが、「石川英鴻齋」「石川英君華鴻齋」とかいった並びにはまずなりません。

　また、日本人の場合、本姓のあとに「朝臣（あそん）」とか「宿禰（すくね）」などといった「姓（かばね）」をつけて、「大江朝臣元就」（＝毛利元就）という具合に書くことがあります（同じ漢字なのでややこしいですが、姓（せい）ではありません）。通称や官職名は、「長谷川善左衛門寛」という具合に苗字と名の間に置かれます。苗字と本姓とを両方書く場合は、「新井筑後守源朝臣君美」（＝新井白石）といった順になります。

　さて、こういった要素が組み合わされた表記の場合、そのまま転記してももちろん間違いではないのですが、それではやはりどうも芸がありません。それに漢籍の場合は「字」や「号」が書いてあっても本姓名のみを記録するというのが原則ですので、記述形としては、日本人もそれにあわせて姓名を抽出して記録したほうがよいでしょう。たとえば、『橘窗茶話』は「雨森東著」とすればいいですし、「石英君華著」などとあれば「石英著」とするということになります（統一形は「雨森／芳洲」「石川／鴻斎」となります）。

　姓もしくは苗字のあとに「名」の表記がなくて「字」や「号」しかない、すなわち「石川鴻齋先生著」とあれば、敬称は省いて「石川鴻齋著」のようにすればいいでしょう。ただ、「鴻齋石先生著」とあったら、表記の順序を転倒して抽出するよりは、そのまま転記したほうが適切かと思われます。なお、この場合は「鴻齋石著」としてしまうとちょっとわかりにくいので、「鴻斎石先生著」全体をひとかたまりとして転記したほうがよさそうです。「新井筑後守源朝臣君美著」のような場合は、本姓と苗字とでは、より限定される苗字のほうを選んで、記述形は「新井君美著」とするのが適切かと思います。

官職や位階は、正式には姓の前に置くのですが、中国では時々ものすごく長いものになることがあります。たとえば、宋の司馬光（しばこう）の撰による『資治通鑑（しじつがん）』という著名な史書の巻頭を見てみると「朝散大夫右諫議大夫権御史中丞充理検使上護軍賜紫金魚袋臣司馬光奉敕編集」となっています。こういうのを見るたび、官職名は省くという規則でよかったなと思うわけです……。

エラい人の順序

実際に目録をとるとなると、現物のこうした表記から適切なかたちを抽出して記録するわけですが、記録の順番としては、現代書と変わりなく、直接的な著作者を先に、二次的な関与をした人たちを後につづけて記録することになります。巻頭の表記でもそういう順番になっていることがふつうですが、つねにそうとは限らず、大先生が校閲したような場合は、そっちのほうが先頭に書いてあったりすることもままありますので、単純にある通りの順番に転記すればいいわけでもありません。

同じ役割で三人以上が列記される場合は、中→右→左（四人の場合は中右→中左→右→左）という優先順位になるのが通例とされます。でも実際は、やはりどうやらいちばん右に書かれている人がいちばんエラいこともしばしばあるようで、ケースバイケースで判断するしかないようです。

また、中国人の場合、輩行字といって、ラストエンペラー溥儀・溥傑の兄弟のように、同世代で共通の文字（上記の場合は「溥」）を名前に使うことがしばしばありますが、そうした場合に、その共通の文字を一人分しか書いていないこともあったりします。

▼図4-3　兄弟（元鎔・元淦）で共通する輩行字の表記。『詩韻音義註』国立公文書館所蔵。

「校刊」の役割

巻頭にある記載はすべて責任表示としていいかというと、必ずしもそういうわけでもありません。たとえば、『唐詩訓解』という書物では、巻頭は「李攀龍選　袁宏道校　余應孔梓」となっています。この最後の人は上梓すなわち出版した書店の主人で、著作そのものには関与していません。このように出版者が著者と並んで巻頭に出てくるケースは、明以前の中国で出版された漢籍にわりと見られるものですが、それを翻刻したものにも原本の通りに記載されていることがよくあります。

ところで、清代中期以降の出版物で、著者につづけて「校刊」といった役割の人が書かれているケースをしばしば見かけます。〝全國漢籍データベース〟などでは、これらを出版者として記録し、著者とはしていないことが多いのですが、これはどうでしょうか。

たとえば明治時代の出版物で、見返しに「文部省校刊」とあれば、文部省が校訂して出版したということで、「文部省」が出版者であるのは間違いありません。しかし、「刊」というのは「出版」という以前に、ほんらいの意味として「木を刻みこむ」「木を削る」ことそのものを意味しますので、文章を校訂して版木を修正させる作業が「校刊」なのです。すなわち、「校字」とか「校正」とかと基本的に同じことで、出版・発行には直接にはかかわっていないと見られるケースも多いのです。ですので、「校刊」「校刻」「校梓」あるいは「刊正」「訂梓」「較刊」（較は校と中国語で同音同義）といった表記が巻頭にあったら、出版にかかわっていることが明らかである場合以外は、出版者ではなくて責任表示として記録したほうがむしろよいでしょう。

このように、「一つのタームがいろいろな意味を持つ」ということと、「同じ意味を表すのにいろいろな表記がある」ということとが錯綜して絡み合っているのが和漢古書の世界であり、そこがやはり現代書と違ったむつかしさの要因の一つになっていると言えるでしょう。

三所三様

責任表示の情報源は巻頭だけに限定されるわけではありません。ＮＣＲ87Ｒ３の規定にあるように、和漢古書の場合、事実上図書全体が情報源になるとするべきものです。本文の巻頭に著者の記載がある場合、やはりそれが最も優先される情報源になりますが、巻頭ではなく本文巻末に記載されていることもありますし、総目次の冒頭や末尾に記載されていることもしばしばあります。

漢籍で地方志など公的な著作物である場合、巻頭に記されるのではなく、本文の前に編纂に関与した人の名前をずらりと並べた（列銜）丁を別にもうけている場合もあります。ただしこの場合、先頭に「総裁」などと書かれている大臣だの皇族だのは、名義のみの編纂責任者であることが多く、責任表示として採用するのは不適当であったりします。このあたりは今日でもありそうですね。

　現代書と同じような感じで、見返し・扉や刊記・奥付に責任表示の記載があることもあります。図書のその場所にしか記載がないということもままありますが、巻頭の記載のほかに、それらの場所に異なる表記での著者の表示があるという場合も多く、たとえば太宰春台の『倭讀要領』という本では、巻頭には「信陽　太宰純徳夫撰」（信陽＝郷貫、純＝名、徳夫＝字）と、見返しには「春臺先生撰」と、奥付には「太宰弥右衞門撰」とあります。このように、巻頭の記載は「本姓名」のかたちが標準であるのに対し、見返し・扉には「号」が、刊記・奥付には「通称」が書かれていることが多い印象があります。

　これは理由のあることで、見返し・扉というのは、キャッチーな宣伝文句が入っていることもしばしばある場所でもあり、名の知れた号をかかげて、読み手・買い手にアピールしたいわけです。

　これに対し、奥付というのは、享保年間に大岡越前守が出したお触れ以降、作者と板元の「実名」をそこに出しておかなければならないという決まりになっていました。生前ほぼ呼ばれることの無い「諱」や、勝手な自称であるところの「号」などを書いてもお役所的には認めてもらえず、「純」や「春臺」ではなく「ヤエモン」にしておかなければならない、ということなのでしょう（もっとも、お触れが出ているわりには、奥付に著者名の記載があるケースは必ずしも多くはないのですが）。

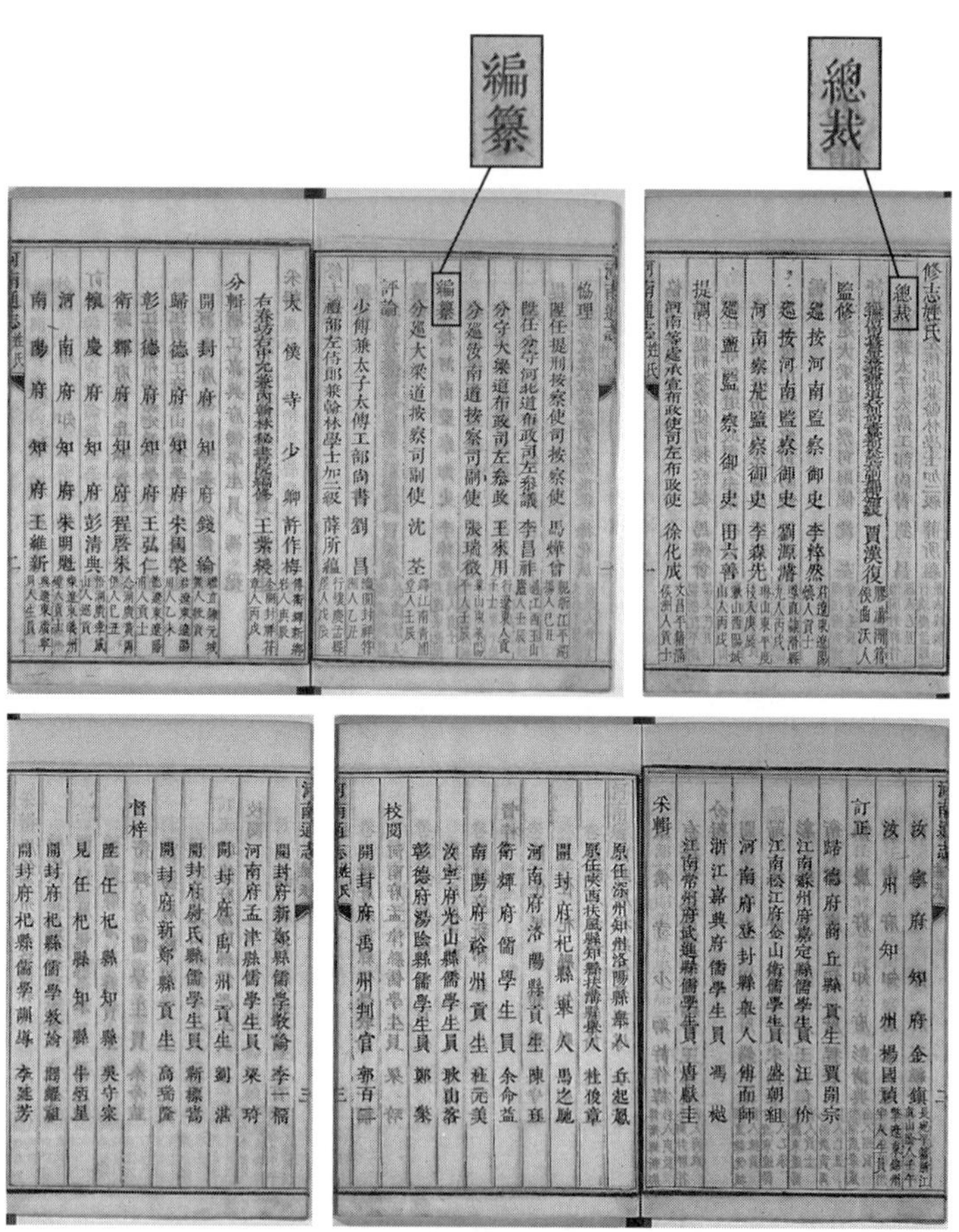

▶図4-4　関係者を列記した丁。責任表示としては、先頭の「総裁」ではなく「編纂」を採用するのが適当。『河南通志』京都大学附属図書館所蔵。

このほか、題簽や版心に訓点者などの記載がある場合もあります。表紙や題簽といういちばん最初に目に入るところに著者名が書かれているというのは、明治以降の出版物だとふつうですが、江戸時代のものでは必ずしも多数派ではなく、このあたりも著作性というものの意識の違いを何となく感じられます。

なお、中国で出版された漢籍などで、題簽や封面に「～署」とか「～題」あるいは「～篆」などとあるのは、単にその題字を書いた人で、著作に関与したわけではまったくありませんので、間違って著者として記録したりしないようにしなければなりません。

誰の解釈？

巻頭以外の見返しや奥付に表記がある責任表示について見ましたが、しかしながら目録をとる場合、これらのようにはっきり書かれているものを記録していればそれで済むわけではありません。著作に関与した人が、上にあげたような場所に明記されていないことが、和漢古書の場合は非常に多いのです。

ではどこを見なければならないかというと、序文や跋文（ばつぶん）です。これらを書いている人が、著者・編纂者・校訂者・訓点者などであることがしばしばあります。もちろん、序文や跋文を書いただけで本文にまったく関与していないという場合も多いですので、あくまで本文に対して何らかの関与をした人を責任表示として記録します。

注意しなければならないのは、序文や跋文の先頭や末尾に「～著」「～撰」とあっても、それは序文・跋文そのものに対する役割を示しているのであって、本文に対する役割を示しているのではない、ということです。それらをそのまま役割表示として記録しているオンラインの書誌を見かけることがありますが、それは基本的に間違いで、原則としては、タイトルに対応する役割表示としてはすべて補記で記録すべきものです。

すなわち、校訂者が跋文を書いていて「何某著」と署名していても、本文の著作者ではありませんから、「何某［校訂］」と記録することになりますし、同様に、かりに著者の自序に「何某撰」とあったとしても、その「撰」はあくまでその序文についての役割表示ですから、著作そのものについては「何某［撰］」と記録しなければなりません。

序跋の作者が本文に対してどういう役割を果たしているのかは、やはり序文・跋文そのものをちゃんと読み解く必要があります。文中に「書肆の求めに応じて句読(くとう)を施した」云々かんぬんと書かれていればその人が訓点者だとわかりますが、よく読んでみると「書肆の求めに応じて弟子の誰それに句読を施させた」と書いているような場合もあり、そうなるとこの序跋を書いた人ではなく「弟子の誰それ」が訓点者ということになるわけです。ということで、序跋の中身をきちんと読むために、やはり古文漢文の知識経験が、ある程度以上は必要になります。

いずれにせよ、このように序文中や跋文中にしか出てこない人たちを、必要に応じて、役割表示を補って記録していなければ、和漢古書の書誌としてじゅうぶんなものとは言えません。たとえば日本で出版された漢籍で、訓点者が巻頭にはなく序跋にしか出てこないことなどざらですが、巻頭の表記だけからたとえば「『詩經』朱熹集傳」とだけ記述し訓点者を記録していないのは、あたかもクラシックの音楽CDの目録で「『運命』ベートーベン作曲」とだけ書いて指揮者が誰なのか書いていないようなものです。『運命』といえばベートーベン、『詩經集註』といえば朱熹なのはわかりきった話なので、カラヤンの指揮なのかアーノンクールの指揮なのか、松永昌易の首書なのか松下見林の校正なのか、そこが肝腎なわけです。

もっとも、和漢古書の場合は、実際の訓点者が不明という、「覆面指揮者による演奏」のようなこともしょっちゅうではあるのですが。

漢籍の王朝名

漢籍においては著者を記録する場合、必ず著者の前に王朝名というものを書きます。以前（65頁）出した例で言うと、「漢　張仲景述　晋　王叔和撰次」というときの「漢」や「晋」のことで、著者が活動した年代の王朝の名前で、朝代とも言います。冊子目録などでは中黒等で姓名と区切っていることも多いですが、NCR87R3の2.1.5.2G任意規定（古）では丸がっこに入れて、「（漢）張仲景述　（晋）王叔和撰次」のように書くことになっています。

漢籍においては、上のように現物にはっきり王朝名が書いてある場合だけでなく、現物に書いていなくても、調査して王朝名を書かなければなりません（既存の参考図書・漢籍目録やデータベースでたいていの著者はすぐ調べがつきます)。王朝名が書いていないと、それは原則として近人＝中華民國以降に活動した最近の人だという意味になります（ただし、それらは「(民國)某」のようにすることも無くはありません)。朝代不明の人の場合は「(□)某」のように記録します。

困るのは王朝が交替した時期に両方の時代に跨って活動した人で、「主に活動した年代」で記録することになっていますが、そのあたりの判定は人によってばらけることがあるのはいたしかたありません。たとえば、『水滸伝』の作者とされる施耐庵を〝全國漢籍データベース〟で調べてみたところ、「元」の人としているのが58件、「明」の人としているのが61件ありました。もっとも、前の王朝に忠節を貫いて、後の王朝には仕官しなかったという人（遺臣）については、前の王朝のほうで記録してあげるのが、これは礼儀というものでしょう（もちろん、現物に書いてあれば、多数派がどうであろうと現物の通りに記録すべきかと思います)。

中国人以外の場合は、王朝名の代わりに国名を記録します。「(新羅)崔致遠」「(朝鮮)李滉」「(美國)林樂知」（＝アメリカ合衆国のY. J. アレン）といった具合です。ただし、近世以前に中国に来て著作活動をしていた西洋人については「(明西洋)利瑪竇」（＝マテオ・リッチ）、「(清西洋)南懐仁」（＝フエルビースト）のように書きます（「西洋」のかわりに「泰西」としていることも)。

日本で出版された漢籍だと、日本人が二次的な役割を果たしている場合も多々あります。その場合は、上記と同様、「(魏)王弼註　(唐)陸徳明音義　(日本)宇惠考訂」といった具合になります（ちなみに、「宇惠」は「宇佐美灊水」が修姓して称したもの)。

ただし、これは整理の対象としている資料のメインが漢籍だという場合のことで、大半が和書だというのであれば、中国人の場合のみ王朝名を付し、何もつけなければ日本人だとするという処理でまったく問題ありません（現物にわざわざ「日本何某」と書いてあったら、それはそのように記録してあげたほうがいいかもしれませんが）。

かっこ内に入れるのは上記のように王朝名・国名のみですが、特例としてお坊さんの場合は「（明釋）圓澄」「（日本釋）玄恵」のように、「釋」の字を、現物にあろうと無かろうと、王朝名につづけて入れます。

「孔子著」の違和感

王朝名として実際に記入することになるのはだいたい、漢／魏・呉・蜀／晉／劉宋／南齊／梁／陳／後趙（石趙）・前秦（符秦）・後秦（姚秦）／後魏（北魏・元魏）／北齊・北周／隋／唐／五代（後梁・後唐・後晉・後漢・後周）・南唐・後蜀（孟蜀）／宋／遼／金／元／明／清　のいずれかです。このうち注意を要するのは、魏・呉・梁・陳・唐・宋・金・元で、これらは姓としてもよく見られますから、間違えないようにしないといけません。図書に「呉何某撰」とあったら、「（呉）何某撰」となる場合と、別の時代の呉さんで、たとえば「（明）呉何某撰」などとなる場合と、両方ありうるわけです。

さらには、つぎのようなケースもあります。賈誼の『新書』という著作で、現物に責任表示として「梁太傅賈誼撰」と書かれているものを見たことがあります。「太傅」というのは役職名で、「梁」というのは上記の王朝名にありますから、では「(梁)賈誼撰」だ……とやってしまうとこれは間違いです。どういうことかというと、この場合の「梁」は王朝ではなく、皇族が封じられた(領地をもらった)領国——諸侯王国——のことで、賈誼という人はその梁国の太傅という役職をつとめていたということで、朝代としては漢の時代の人です。ですので、「(漢)賈誼撰」としなければなりません。

まあ賈誼あたりなら『史記』『漢書』に伝がある有名人ですので気づきやすいですが、つねにそういうわけにもいきません。また、姓名の前に本籍地や居住地を記すのはふつうのことで、呉(=いまの江蘇省)とか秦(=いまの陝西省)とか地域の別称としても使われますから、現物にある表記が王朝名を示すのか、単なる地域名や役職名の一部なのか、あるいは姓なのか、よくよく注意が必要になります。

ところで上に列記した王朝名ですが、ごらんのとおり「漢」から始まっています。NCRでは漢より前の秦以前の時代に成立したとされる著作(『論語』『老子』など)については、漢籍の世界では「先秦書」といって無著者名古典扱いとします。現物を見ていくと、『六韜』に「周 太公望撰」とあったり、『韓非子』に「韓非著」とあったりすることも時々あるのですが、それらは原則として責任表示としてはことごとくオミットすることになります。

もちろん、それは和漢古書として目録を作成する場合の話で、現代書の場合、情報源に堂々と記載されていれば著者として記録することになります。NACSIS-CATにもTRC-MARCにももちろん、孔子も孟子も老子も荘子も孫子も韓非子も、みんな著者として典拠があります。が、和漢古書をずっとやっていると「孔子著『論語』」などというデータには、実はものすごく違和感を感じてしまうのです。

たぶんそんな人は少ないのでしょうが、逆にそんな感覚を持つようになってしまったら、どっぷり「漢籍屋」だと言えるかもしれません。

第5章　出版事項(1)――情報源と刊・印・修・覆

これまでに見てきた書名や責任表示に関しては、和漢古書の場合、情報源が多岐にわたり、記載自体も多様だということがいちばん取っ付きにくいところですが、出版・書写事項にかんしては、図書の記載そのものについて注意すべき点はもちろん多々あるのですが、それ以上にそれをどう「解釈」するかがポイントになります。そのあたりが相当ひとすじなわではいかないところで、ある意味和漢古書の目録作成におけるキモと言えます。まずは情報源から見ていきましょう。

刊記とは

和漢古書は現代書のように造りが一定でないので、情報源の範囲はきびしく限定はされないのですが、出版事項については、ＮＣＲ87Ｒ３の2.0.3.2A（古）では「刊記、奥付、見返し、扉、版心、序、跋、識語等」と規定されていました。書名と比べると数は少なめですね。また、タイトルと違ってとくに優先順位は規定されていませんが、だいたいこの順番で重要性の高い情報源だとは言えそうです。

「刊記、奥付」については、和漢古書においては「刊記」のなかの一種が「奥付」（ほんらいは「奥附」）だという位置づけになります。「刊」とはすなわち「出版」（publishing）を意味しますが、「刊記」とは文字通り「出版についての記述」ということです。ですので、図書の中で、他と独立したかたちで出版についての記載がある箇所があれば、それはどこにあろうと「刊記」と呼んでよいのです。ただ、実際にはそれらは巻末や本文末にあることが多いので、ただ「刊記」と言ったらふつうそれらの「巻末刊記」のことを指します。

記述するのに、いちいち「巻末刊記に「○○」とあり」とすると、ちょっとうるさいと思いますが、といって刊記と言ってよいのに「巻末に「○○」とあり」としていると、「刊記」という用語を知らなかったり、その記載内容が出版事項だということを理解していなかったりしているようで、あまりよろしくない気がします。

他方、巻末以外にある刊記のことを記述する場合は、「序末の刊記に「○○」とあり」とか「原刊記（目録末）に「○○」とあり」とかいったふうに、場所を明示したほうがよいです。時々お目にかかるのが、多巻物で途中の巻の巻末に刊記があるというケースです。スペースの都合でこういう具合になったのだと思われますが、たとえば全18巻で巻末には出版事項らしきものが見当たらないなあと思ってよく探すと、冊の途中の第17巻の巻末に刊記があるのを発見したりしますので、要注意です（こういうのを見つけたときはちょっとテンションがあがります）。

奥付登場

さて「奥付」とは、上記の「巻末刊記」のうち、本体と別の丁になっているもののことだけを言います。現代書では、「奥付」とは要するに中国語で言うところの「版権頁」のことで、最近では標題紙裏にあるものも増えてきていますが、和漢古書では厳密に、「巻末にあって本体と別の丁になっている」という形態的な要件でもってこのタームを使うか否かが決まります。多くの場合はオモテのみ半丁分を裏表紙の裏に貼り付けていることが多いですが、表・裏1丁分になっていることもあります（記載内容が多ければ数丁になることもあります）。なお、「奥付」のあとに広告や出版目録などがさらに附されていることもしばしばありはします。

歴史的に言うと、「奥付」は時代が下ってから「刊記」から派生して一般化した一形態ということが言えます。刊本が出現した当初は、出版に関することをどこに記載するか決まったかたちはなく、多くの場合、跋文などでそのあたりの事情を書き記しているだけだったのが、次第に「寛文元年八月吉日 中野小左衛門刊行」といったような「いつ・どこで・だれが」出版したという定型的な漢文の文句を巻末に記載するようになりました（定型的な文句でなく、長々とした文章になっているものは「刊語」と称します）。

また、中国では明代、日本ではその影響を受けた江戸時代初期までのものによく見られますが、定型的な文句が枠（しばしば位牌のようなかたちにデザインされています）で囲まれているかたちのものがあり、これを「木記」とか「牌記」とか言います。とくに蓮の台の上に載せられているものを

「蓮牌木記（れんぱいもっき）」と呼びます。

日本でこの「刊記」が別の丁に刷られてくるようになってくるのは、起源ははっきりしませんが、はっきり増えてくるのは元禄・正徳の頃からと見られ、この時代あたりから共同刊行というかたちが増えてきたのと軌を一にしています。すなわち、刊行者を横並びに列記するのに、たっぷりしたスペースを必要としたということだと思われます。

この傾向は、第４章（77頁）でも触れた享保７（１７２２）年のお触書で「何書物によらず此以後新板之物、作者并板元実名、奥書に為致可申候事」と規定されたことで決定的なものになり、書物の性格によって実態としては一概には言えないものの、基本的にこれ以降の出版物では奥付が附されていることが一般的になります。このようにここで画期がありますので、逆に享保年間以前の刊記については、原則として、「刊記に「○○」とあり」と注記に転記しておいたほうがよいでしょう（なお、このお触れの文言では「奥書」となっていますが、書誌学ではふつう「奥書」というとまた別のもののことを指します。これについては後述）。

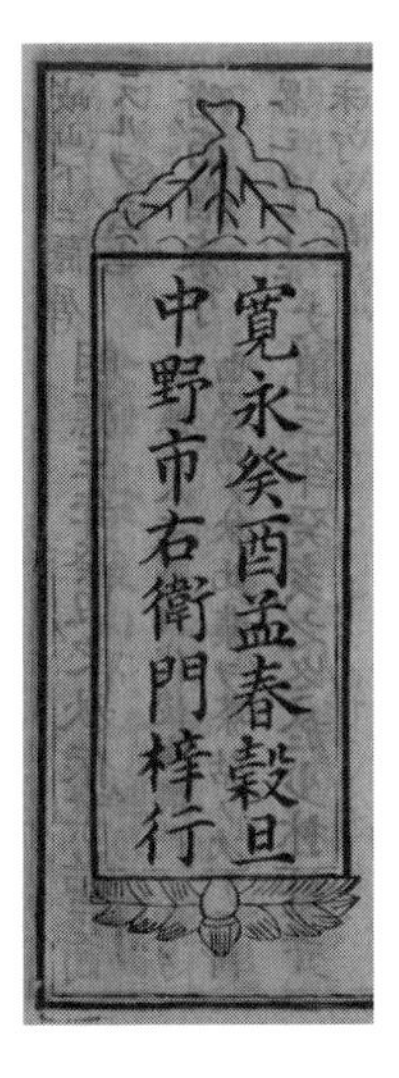

寛永癸酉孟春穀旦
中野市右衛門梓行

▼図５-１　蓮牌木記。江戸初期のものは、初版は無刊記で、刊記は後刷りの際に入れられたものであることが多い。『新編江湖風月集略注』京都大学附属図書館所蔵。

一方中国では、巻末の刊記というスタイルはあまり採用されなくなり、清代には、次に触れる「封面」または「封面裏」に出版情報が記載されることが一般的になっていました。ただ、清末になって、今度はおそらく日本の明治期の図書の影響で、そうした日本式の奥付を附したものが見られるようになります。きっとそのほうが、何となくモダンな感じがするように受け取られたのでしょう。このあたりの経緯は、彼我の文化的交流の一側面を示すものとして、興味深いことのように感じます。

見返しと扉

ＮＣＲ87Ｒ3で次にあげられている「見返し、扉」――唐本ではともに封面（ふうめん）と称します――そのものについては、第2章の書名の情報源のところ（42頁）で触れました。「三行縦書きで中央に大きめの文字でタイトルが、右行に著者名が、左行に出版者が、そしてそれらを囲む枠の上部に出版年が横書きで書かれている、というのが標準的なスタイル」と書いたとおり、ここにも出版者や出版年が記されていることが多いので、出版事項の重要な情報源となります。

ただ日本で出版された書物の場合、出版者の正式な名称等が記載されているのはやはり刊記・奥付で、見返し・扉の記載は副次的とも言える、ちょっと気取ったものになっています。江戸時代の出版者は、多くの場合「堂号（どうごう）」といって「○○堂」とか「○○閣」といった中国風の店名を持っているのですが、奥付には本名（屋号＋通称のかたちが一般的）を記し、見返しには堂号のほうを載せるというのが、ありがちなパターンです。

このあたりの堂号を含めた出版者名については『近世書林板元總覧』という基本的なツールブッ

クに詳細に記載されています。もともとあった奥付が欠落した図書で、見返しに堂号があった場合、確実に推定できるのであれば、「見返しに「○○堂」とあり」と注記した上で、出版者としては堂号を転記するのではなく、『板元總覧』記載の実名を補記したほうがよいでしょう。

和本の見返しについて言えば、「魁星印（かいせいいん）」という図柄の印が捺されていることもしばしばあります。魁星とは北斗七星の第一星のことで、中国では学問を司る星とされ、これを図案化したものが明代の刊本の刊記などに見られるのですが、これが取り入れられたものです。これがあったからと言って個別の出版者が特定できるようなものではないですが、そうした由来のものですので、やはり和刻本漢籍や学術的な性格の図書に多く見受けられるということは言えます（逆に、そうしたもののパロディーだと、その位置に何やら妙ちくりんな印が捺されていたりします）。

出版事項の情報源としての価値が高いのは、むしろ中国で出版された本の場合で、前述のように、清代には巻末の刊記というものはあまり見られなくなり、封面もしくは封面裏だけに出版事項が記載されるようになります。当然ながら封面裏のほうがスペースが取れますので「いつ・どこで・だれが」出版したという定型的な文句はここにあることが多いです。「刊記」というタームの定義から言って、こうした封面裏の記載のことも「刊記」と言って悪いことは全然ないのですが、ただ「刊記」と言うとやはり

▶図5－2　見返しの魁星印。『眼科新書』東京大学医学図書館所蔵。

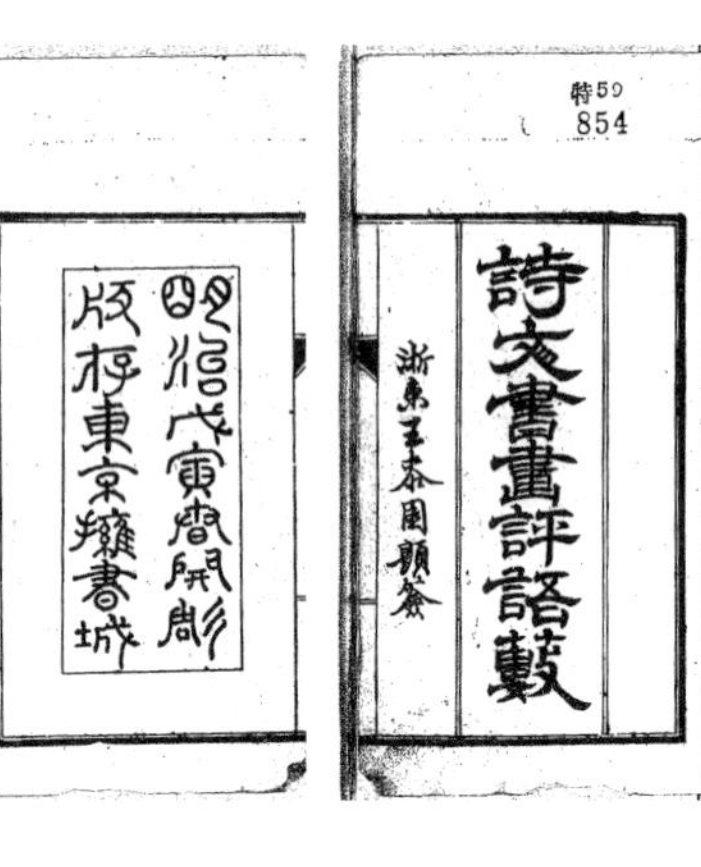

▼図5-3　唐本ふうの扉裏の刊記。『詩文書畫評語藪』国立国会図書館所蔵。

巻末の刊記を指すことがふつうなので、全部唐本だといったコレクションでなければ、「封面裏に「〇〇」とあり」と記述しておいたほうがよさそうです。

ちなみに、幕末から明治期に盛んに刊行された日本人の漢詩文集などでは、この「封面裏」の刊記のスタイルがスタイリッシュなものとして受け取られて流行したようで、たとえば明治11年刊の『詩文書畫評語藪』という本では、ちゃんとした奥付と別に、扉裏に「明治戊寅春開彫版存東京擁書城」といった文言をいかめしく記しています。清末民國初の中国における奥付の採用と好一対ですが、古今東西、人は海外から来た「イケてる」ものに弱いのですね。

なお、明末清初くらいの時期の図書に多いのですが、刊行者の「告白」というものがついているものがあります。これは別に何か打ち明けたり懺悔したりしているのではなく、刊行の経緯やら宣伝やらを読者に「告げ白す」もので、刊語の一種と言えますが、しばしば封面に小さい字で長々と記されています。現代で言えばさしずめ帯の文句といったところでしょうか。

版心の情報

ＮＣＲ87Ｒ３で「刊記、奥付、見返し、扉」のつぎにあげられているのは版心（板心・柱）ですが、出版事項にあたるものが記されているのは版心下部であることが多いです。この位置にはシリーズ名や句読者の記載などがあることもありますが、いちばん多いのは出版に関連する情報で、上記の四つの情報源に記載がない場合、有力な情報源となりえます。

ただ、この版心は、後から取替えや彫り直しがいくらでもきく「刊記、奥付、見返し、扉」と、物理的な性格がいささか違っていますので、そのことをよく理解して扱わなければなりません。すなわち、版木の所有が転々とし、発行者（印行者）が次々に変わっていくことはしばしばあるのですが、版心に記載されている出版事項は当初の出版の際のもののままであることが多いです。

また翻刻本（１０３頁）の場合、版心にあるもとの出版者の記載を忠実に摸刻している場合もありますから、版心の記載を該当の図書の出版事項として採用しては不適当ということもままあるわけで、よくよく注意が必要です。

古い時代の図書だと、版心に版刻職人の名前（刻工名（こっこうめい））や工賃の情報などが記されていることがあります。それらから地域や時代が特定できたりしますので、そうした図書にあっては非常に重要な情報と言えます。が、和漢古書と言ってもそこまでの貴重書を手にする機会はそんなにはないでしょうから、とりあえず知識として知っていればじゅうぶんかと思います（これらをも摸刻しているものもあったりはしますが）。

本屋さんのマーク

ＮＣＲ87Ｒ３でつづいてあげられているのは「序、跋」で、上記の情報源に出版年の記載がない場合、それの代用としてこれらの年記を採用することが多いですが、これについては出版年のところで改めて見ることにしましょう。もちろん、跋文中に刊行の経緯が詳しく述べられているといったことも多く、それらから出版者を採用することもしばしばありますが、その場合はやはりいちおう補記の扱いとすべきでしょう。

「識語」は、もともとは漢籍の用語ですが、後人の書き入れのことで、それらから出版の経緯が判明することもあります。しかしここから得た情報は、扱いとしては同様に補記ということになります。

ＮＣＲ87Ｒ３に明記されていたのは以上ですが、これ以外でも出版者の情報源として認識しておくべき箇所が二つあります。一つは巻頭で、もう一つは題簽です。

巻頭に著者と並んで出版者の記載があることは、明末頃までの唐本でその例が多く（和本ではあまり例がないようです）、ここもやはり重要な情報源となります。ただし、「校刊」という役割表示は、「刊」とあっても出版者ではなく、責任表示の一種であることが多いということは第４章（75頁）で前述しました。

題簽のほうは、第２章（33頁）でちょっと触れましたが、江戸時代の草双紙という通俗文学のジャンルの図書では、絵題簽という絵入りの幅広のものが左肩に貼られていることが多く、ここに出版情報が載っていることがしばしばあります。といって、絵題簽自体はタイトルと絵がメインなので、出版関係の情報量は多いとは言えず、出版年は干支（えと）だけということもふつうですし、出版者名は略されたかたちであることがしばしばあります。「和泉屋市兵衛」が「泉市」、「西村屋與八」が「西與」、「鶴屋喜右衛門」が「鶴喜」などといった具合です。ご存知「蔦重」も「蔦屋重三郎」の略ですね。

さらには文字すらもなく、「版元商標」と呼ばれる出版者のマークがあるだけ、というケースも、これらのジャンルの本では結構あります。「蔦重」さんは蔦の葉のマーク、「鶴喜」さんは鶴のマーク、「西與」さんは三つ巴、「鱗形屋」さんは三つ鱗といった具合で、丸や山形、面高（おもだか）などと漢字一文字を組み合わせたものなども多くあります。これらの一覧は『近世書林板元總覧』の巻頭に載っているので確認できますし、さらに詳細には浮世絵研究の分野で網羅的な整理が進められています。

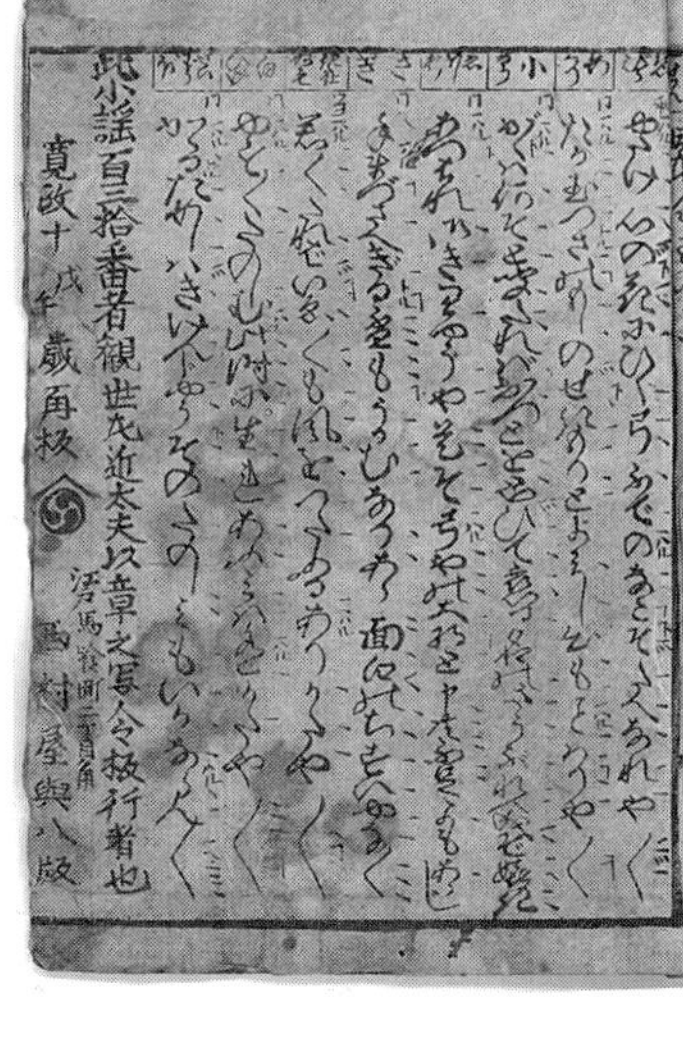

▼図5-4　巻末の刊記に見られる版元商標。『當流小謡百三拾番』。

こうした版元商標は絵題簽にあるとは限ら

ず、本体の巻末にあったり、序や本文の欄上にあったりしますが、その他の箇所に書肆名が明記されていなければ、出版者としては『板元總覧』で確認した名前を補記で記録し、「出版者は版元商標による」などと注記することになります。このような「本屋さんのマーク」は、ヨーロッパではよくありますが、前近代の中国や朝鮮半島などではほとんど見られないもので、意匠好きな日本人の特性と、江戸時代日本の商業出版の盛行ぶりを窺うに足るものと言えます。

いつのことやら

以上見てきたような情報源から、出版地・出版者・出版年を選定し記録するわけですが、実際のところ、そのことを正確に行うことは簡単なことではありません。というのは、和漢古書では、それらの情報源に存在する記載が、当該の本が実際に刷られたときのものではなく、それ以前のある時点での情報であることが非常に多いからです。

情報源どうしの間でまったく異なる内容の記載があることはざらですし、そしてそれらの諸情報のうちどれを以前の刊行時の情報と判断し、どれを当該の図書そのものの出版事項として採用するかについては、決まった規則は残念ながらありません。個々の本ごとに適切なものを選択するしかない、ということになります。

ＮＣＲ２０１８の #2.5.3.2A の和古書・漢籍の規定には、「記録する出版日付に対応するものを出版者として記録し、対応しないものは注記として記録する。」とあります（ＮＣＲ87Ｒ３では2.4.0.4

（古）。これは現代書でも当然のことではありますが、わざわざこのように書いているのは、和漢古書では、以前の情報源を残していたり、変更のあったところのみ改めていたり、別の図書の情報源を流用したりしている場合が多いので、よくよく注意が必要だからなのでしょう。

簡単な例では、見返しや刊記には江戸時代の年号が記載されていても、奥付の出版者の住所が「東京府」「大阪府」となっていたり「○○区」などとなっていれば、その図書の出版年は確実に明治以降ですので、情報源にある江戸時代の年記を出版年として記録しては間違いです。このような場合、刊記や見返し、あるいは序跋などにある年は、かつて刊行された時点の、あるいはその本の中身が成立した時点の年ということになります。

こういうことが起こるのは、刊記・奥付や見返し・扉というものが、後からいくらでも取り替えたり追加したりできるからであり、また版木というものは一部を彫り直すだけでずっと使いつづけることができるからです。

たとえば、「天保十五甲辰年十一月刊行」「玉養堂　東京日本橋区通三丁目　若林喜兵衛求板」などとある奥付の書物があったとします。この場合、

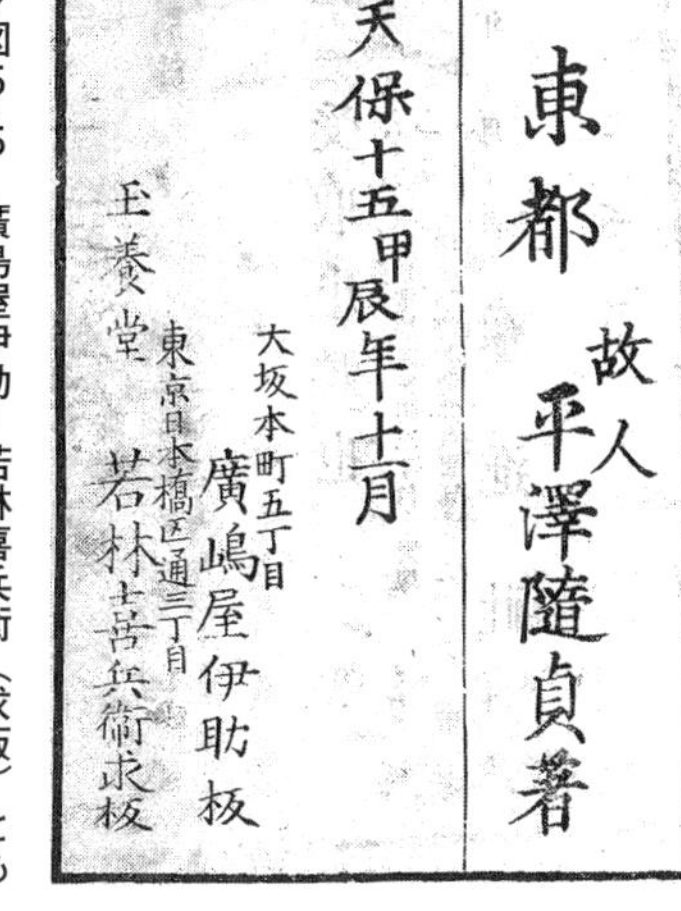
東都　故人　平澤隨貞著
天保十五甲辰年十一月
大坂本町五丁目　廣嶋屋伊助板
玉養堂　東京日本橋区通三丁目　若林喜兵衛求板

▼図5-5　廣島屋伊助・若林喜兵衛（求板）とも埋め木で、天保15年版の後印。『新刻易學小筌』。

出版者は「若林喜兵衛」（「求板」については120頁参照）でかまいませんが、出版年は「天保15」にしてはいけません。「日本橋区」という記載から明らかなように、明治になってから、もとの奥付の出版者のところだけを彫り直して刷ったものです。こうしたものでは、年記のところと刷りの濃淡や字様（字の雰囲気）が違っていたり、字の配置が不自然になっていたりします。

疑いの目で

このように住所表示等から明治期のものと判断できたりするのはかなりわかりやすい例ですが、実際はそんな判然としたものばかりではありません。

たとえば見返しに「××年新板」「○○堂刊行」といった記載がある本の場合、この「○○堂」が奥付の出版者と別の出版者の堂号であれば、この見返しは奥付と別の時点で作られたものということになります。かつて発行された際の見返しをそのまま残しているというパターンが多いですが、逆にもとの奥付を残したままこの本の発行時に見返しのほうを新たにつけたというケースもないわけではありません。

一方、「○○堂」というのが奥付に記載されている出版者の堂号だったりした場合、ではその出版者が××年に刊行したものということで間違いないかというと、そうは言い切れないことがあります。見返しの堂号あるいは年記のところだけ彫り直したりしている可能性もありますし、その出版者が昔のある時点で作成した見返しや奥付をそのまま流用していることだってよくあるのです。

ですので、そうした改刻などがないか版面をよくチェックするとともに、序跋等の年と矛盾がないか、××年に別の出版者が刊行したという書誌や記録がないかなどをよくよく確認する必要があります。

これらの確認にあたって、前にあげた『近世書林板元總覽』には、それぞれの版元の活動年代の上限と下限、また住所の移転があった場合いつごろどのような順序で変遷しているかを、判明している範囲で記載していますので、非常に役に立ちます。また、和刻本漢籍については、長澤氏の『和刻本漢籍分類目録』が医書・仏書を除き網羅的に整理していますので、参照が必須です。信頼できる機関の冊子目録やデータベースの記述も大いに参考になります。

ただ、各種目録やデータベースについては「信頼できる」機関のものでないと意味がないわけで、一見したところ立派な冊子目録や、非常に詳細な記述の書誌を作成している機関のものでも、こうした出版事項が間違いだらけということは残念ながら珍しくありません。〝日本古典籍総合目録データベース〟の「書誌一覧」でも、〝全國漢籍データベース〟の現代書以外のレコードでも、出版者と出版年の組み合わせや記述に問題があるものも、それなりの割合で存在します。

NACSIS-CAT（CiNii Books）の和漢古書のレコードなどでも、出版事項の記述に問題がないのはトータルで半数に届かないのではないかとひそかに思っています。経験的には、注記などの記述がアンバランスに詳細なレコードほどむしろあやしいと言えるようです。むろん、詳細な注記でかつ出版事項等の記述も信頼できる機関もいくつもありますが。

経験の少ない人に和漢古書の書誌を作成してもらうと、どうしても情報源の記載をあるがままに出版事項として記録したり、参照したデータのとおりに書誌を作ってしまったりしがちなのですが、そういう素直さは和漢古書の世界ではあだとなります。現物を見るにしろ、各種参考資料を見るにしろ、とにかくストレートに信用せず疑いの目で見て、いろいろな可能性を考えなければなりません。実生活までそうしたいやーな性格に染まりはしないか、自らもいささか危惧していなくもありませんが……。

刊印修のはなし

和漢古書において、各種の情報源の記載はいろいろな時点のものが混在しているので注意が必要だということを踏まえて、和漢古書の目録記述をする際に理解しておかなければならない概念として「刊・印・修」というものがあります。

「刊・印・修」というのは、もともと漢籍における専門用語で、「刊」とは図書の内容を版木に彫って出版すること、「印」とはその版木を使ってそのまま印刷すること、「修」とはその版木に修補を加えて印刷することを言います。たとえば、冊子目録等で、「文政十二年刊 天保三年修 明治印」とあったら、文政12(1829)年に版木が彫られ、天保3(1832)年にその版木に修訂が加えられたものを、明治に入ってから印刷した、という意味になります。

版木というものは、何度も刷っているうちに磨耗や損傷が生じますが、保存状態がよければそれ自体は数百年以上持つものです。損傷が生じたり、内容を改訂する必要が生じたりした場合は、その箇所を削り取って、新しく木を埋めこんで彫り直すことになりますが、これを「埋め木」もしくは「入れ木」と言います。刊行後にこうした修訂を加えて印刷することが「修」ということになりますが、刊行前の校正段階でこうした作業がなされたものについては「修」とは称しません。

「刊・印・修」はこのように図書の「刊行状況」を示す用語と言ってよいですが、注意したいのは「印刷状況」を示す語ではないということです。われわれが手にする和漢古書は後刷りのものであることがふつうで、初刷りのものがあればそれこそ特記する必要があるくらいです。ですので、刷り面に多少のかすれや荒れがあっても、わざわざ「後印本」と記録することはありません。「後印本」とのみ注記に記録することになるのは、基本的に、情報源にあって出版事項として記録する出版年代と、実際にその本が印刷された時期とのあいだに大きな間隔があると判断したときだけとするべきでしょう。もちろん、刊行者と別の印行者がある場合は、年代の開きの多少にかかわらず、その印行者の「印」ということになり、以前の刊行時の情報はすべて注記に記録することになります。

ほんとうはチョウカン

和漢古書においては、現代書の「版」（edition）という概念は基本的に用いませんが、ＮＣＲに準拠した目録記述においては、「刊・印・修」とは、出版事項というより、要するに刊本の書誌的来歴に関する事項と理解してよいかと思います。すなわち、記述対象の書誌的来歴として記録すべき

寛政九年丁巳新鐫　蘆屋山人著
文化二年乙未改正
同十三年丙午補正　荒井半藏補
天保二年辛卯再鐫
安政二年乙卯九月大成増補重鐫

▼図5-6　重刊の記載。この本（『和漢年契』）は明治まで十数版を重ねた。

ことがあれば、注記の該当する位置に「文化5年發行の後印」とか「據崇禎13年武林錢氏刊本重刊」（崇禎13年の武林の錢氏の刊本に拠り重刊）とか記述することになります（後者は漢籍での書きかた）。

目録記述にあたっては、「刊・印・修」を、上述の意味によってきちんと使い分けなければいけません。「後印」「重印」は、すでに出版された版木を使ってそのまま印行することを言いますが、「後印」と「重印」とで使い分ける人もあり、また「重印」には現代書ですこし別の意味もありますので、「後印」を使ったほうが無難でしょう。版木に手を加えて印刷した場合は、「後修」となります。

これらに対し、「重刊」「再刊」とは、すでに出版されたものをもとに、もう一度版木を彫り直して刊行することを言います。なお、「重刊」というのは「重ねて刊した」ということですから、意味からするとほんらい「ちょうかん」と読むべきで、中国語のピンイン表記でも「zhong kan」ではなく「chong kan」となりますが、日本では読みぐせとして「じゅうかん」と読むことが定着しています。「重刻」「重印」なども同様です。

覆刻——手彫りによる複製

重刊（重刻）のうち、原本を薄紙で敷き写しにしたものを版下に使ったり、もとの本をバラした紙を裏返しに板木に貼り付けて彫るという方法で作ったものを「覆刻」とか「景刊（影刊）」とか言い、現代書で「××年○○出版社刊の複製」のように記述するのと同じように、「寶永4年出雲寺和泉掾刊の覆刻」などと記述することになります。漢籍では、「用正平19年堺浦道祐居士刊本覆刻」（正平19年の堺浦の道祐居士の刊本を用いて覆刻）とか「用日本覆宋刊本景刊」とかいったように記録します（「據」ではなく「用」を用いることに注意）。後者は、日本で宋の時代の刊本を敷き写しにして出版したものをさらに覆刻した、という意味になります。

覆刻本は、覆刻した際の出版事項や、すくなくとも覆刻であること自体くらいは、現物に明記しておいてくれればよいのですが、海賊版などの場合、もとの年記までかぶせ彫りしていることもあり、こうなってしまうとお手上げです。結果としてまったく同じ出版事項の記述になってしまう別版の書物が存在してしまうわけで、こうしたものについては、現物や画像を並べて比べて見る以外、最終的にはどうにもしようがないのですが、通常の整理ではそこまで突き止めるのはなかなかむつかしいでしょう。

覆刻ではない重刊本、すなわち一度出版されたものをもう一度版木を彫り直して出版したというだけで敷き写しなどではないものについては、現代でも使う言葉ですが、「翻刻」と称します。中国語では同音になるので、「反刻」「繙刻」といった表記も時々目にします。和漢古書では、とくに中国で出版されたものを日本で出版したものについて使うことが多く、「康熙60年序刊の翻刻」といった具合に注記に記録することになります。

刊行年と印行年

ＮＣＲに準拠した目録記述においては、「刊・印・修」とは、出版事項というより、要するに刊本の書誌的来歴のことと理解してよいのですが、「刊」「印」については、実際には、ＮＣＲでは出版事項として記録できることになっています。

すなわち、ＮＣＲ２０１８の #25.5.5.2A では、「和古書・漢籍の刊行年については、「刊」という用語を付加する。」とし、情報源に「刊」の表示がない場合、「[刊]」と角がっこに入れて記録するよう例示しています。さらに「刊行年とは別に印行年が判明した場合は、「印」という用語を付加し丸がっこに入れて、刊行年に続けて記録する。印行年のみが判明した場合は、「印」という用語を付加する。」とあります（ＮＣＲ87Ｒ３では2.4.3.1C（古）およびＤ（古））。

もちろん、「刊」か「印」かが確実に判明すればこのように記録したほうがよいですが、実際の判別はそう簡単でもないので、無理におしはかって付記する必要はありません。

また、情報源の表示の有無で書きかたを区別するのはいささかナンセンスかと思われます。現物に「刊行」とあっても実際には後印だというケースはいくらでもあり、ことに江戸時代初期のものだと刊記がないもの（無刊記本）のほうが時代的に古く、「××年刊行」という刊記があるものは重刻本だったり後印本だったりします。

和漢古書は文言と実態が一対一で対応するような世界ではないので、現代書の感覚に引き寄せて解釈してしまうと、往々にして不適切なことになります。たとえば、和漢古書の「印行者」は多くの場合、もとの刊行者と別個であったり増減したりしているところの発行主体ですので、「印行年」というのも、現代書の何刷りとかいう場合の刷り年とか、オンデマンド出版における製作年とかとは、まったく意味合いが違います。

なお、前述の条文で、「刊行年とは別に印行年が判明した場合、「印」という用語を付して丸がっこに入れて」付記するとして、「寛政４年［１７９２］［刊］（文化5年［１８０８］［印］）」という例をあげている規定については、このように記述することは実のところほぼないと言えます。というのは、出版者がまったく同じで刊行年と印行年とがともに記録できるということは非常にレアなケースで、たいていの場合、刊行時と印行時とでは出版者の変更や増減が生じるので、出版者と出版年の対応を求めている #2.5.3.2A に照らせば、このように記述できること自体がまずありません。たいていのケースでは、この場合の刊行者・刊行年は、前述したように書誌的来歴の注記として記述することになります。

実際の状況としてよく目にするのは、刊記や版心、あるいは序跋などに刊行時の出版事項の記載があり、そしてさらに後印の際の印行者や印行年が記載された奥付がついている、というカタチです。奥付に印行者に対応する印行年が——もちろん埋め木とかではなく——記されていればあまり勘違いすることはありませんが、それがない場合、印行者と、以前の刊行時の刊記（しばしば刊行者のみを削除していたりします）や序跋の年とを取り合わせて記述してしまうことがありがちですので、注意したいところです。

広告はお宝

印行者ということで記述にくふうが必要なものとして、巻末の出版書目や広告に記載されている版元があります。これについてはいくつかのケースが考えられます。

まず①刊記・奥付がなく、出版目録・広告しかない場合があります。この場合、特定できれば出版者はそれらから採用することになりますが、扱いとしてはやはり補記とすべきでしょうし、出版年との対応には注意が必要です。往々にして、序跋の年に刊行されたものそのものではなく、その後印というケースが多いです。

逆に、②書目・広告そのものが奥付と一体化していて、それ全体を奥付と見たほうがよい場合もあります。この場合はとくに断りなく、ふつうの奥付として扱い、出版事項の情報源としてよいでしょう。

刊記・奥付があって、同時に出版目録や広告があるという場合、由来としては2種類考えられます。一つ目は、③刊記・奥付の出版者によって刊行された時点で、そのときに同時に書目が附されていた、というパターン。この場合、書目の版元は刊記・奥付の出版者と一致しますし、出版者が複数ある場合はそのうちの主版元であることが多いです。

もう一つは、④刊行時ではなく印行の時点で書目が附されたパターン。さてこの場合、出版事項の記述としては、A：印行者として書目の版元を採用するか、B：刊記の出版者を採用し、書目は注記としておくか、これはどちらであっても間違いとは言えません。個人的には、書目の版元が刊記・奥付の出版者とまったく別個の場合は、書目の版元を採用します（④-A）が、そうでなければ④-Bの方針で処理することが多いです。情報量の多寡による、とも言えますが、③と④の弁別もむつかしいですし、一概には言えません。

上の②の場合はともかく、こうした出版目録の類には年代の記載がないことも多いですが、場合によってはそれに記載されている書物から、おおよその年代の推定ができることもあります。これらのものは同じ版面が使いまわされていることも多いですが、豫顕（よけん）書目（刊行予定目録）などから未刊に終わった書物の情報が得られることもあり、出版史研究の情報の宝庫と言えるでしょう。

第6章　出版事項（2）——出版地・出版者・出版年

前章につづき、出版事項について見ていきます。この章では、出版地・出版者・出版年について、それぞれ注意すべきことを述べます。

日本の洛陽、中国の京都

和漢古書の出版地は、原則としてはもちろん情報源にある出版地を記録すればいいわけですが、注意すべき点がふたつあります。一つは出版地の呼称が非常にバラエティに富んでいること、もう一つは情報源に都市名が記載されていないことが多いことです。

江戸時代の出版の中心は、前期（17世紀）は京都ですが、中期（18世紀）から後期（19世紀）は江戸や大坂にも広がり、とくに後期には江戸の出版者をメインに三都（江戸・京・大坂）の出版者による共同出版のかたちが多くなります。出版地として記録するのはこの三都であることが大多数なのですが、地名の表記のされかたとしては「江戸・京・大坂」以外にも非常にいろいろな書きかたがあります。

主なものを見ていくと、江戸は「荏土、江都、江府、東都、東京、東京、東武、武都、武陽、武江、武州」、京は「京都、平安、京師、京城、西京、西京、神京、皇京、皇都、帝都、帝畿、京洛、洛下、洛陽、洛灤、華洛、京兆、雍州、城州」、大坂は「大阪、浪華、浪花、浪速、難波、阪府、摂府、摂都、摂陽、摂江、摂州」といったものがあげられます。

ちなみに、情報源に「東都書肆」とか「浪花書林」とかあったら、それは「江戸の本屋」「大坂の本屋」ということを言っているのであって、そういう名前の出版者がいるわけではありません。実際、オンラインデータベース等で、時々「東都書林」とか「平安城書林」とかが「出版者」としてヒットしてしまうのですが、間違いということになりますので注意しましょう。

これらの別称は見ての通り、中国ふうに呼んだものが多く、修姓などと通じる中華気取りが感じられます。三都以外にも名古屋を「尾陽」、和歌山を「紀陽」、金沢を「加陽」などと呼んでいる例もよく見ます。ほんらいは「山の南・川の北」を「～陽」、「山の北・川の南」を「～陰」と言うはずなのですが、地形と関係なく、全部「～陽」となっているのはご愛嬌です（気持ちはなんとなくわかるような）。

いちばんバラエティに富んでいるのは上記の通り京都ですが、「洛陽」というと中国にも同じ地名がありますので、注意が必要です。この別称はもちろん、古代から何度もみやこになっていた本家中国の「洛陽」から取ったもので、「洛中洛外図」とか「上洛」とかの「洛」ですね。中国では宋代以来洛陽は衰微しましたので、和漢古書の出版地として目にする「洛陽」は、まず例外なく日本の京都のことです。

逆に、そもそも「京都」というと「みやこ」という意味の普通名詞でもあるので、中国や朝鮮半島でもその意味で使われていることがしばしばあります。「京都瑠璃廠蔵版」などという封面の記述を見たら、この京都は当然「北京」のことで、間違っても出版国＝日本としたりしてはいけません。

明治以降に刷られたもので「江戸」とあるものはさすがにほぼありませんが、「大坂」という表記は明治以降のものでもよく目にします。「東京」とか「西京」とかあれば、明治期以降のものである蓋然性は高くはなり、もともと「江戸」とあったところが明治後に埋め木されて「東京」となっている奥付などもよく目にします。

「京」という異体字も、江戸時代から使われていますが、よく使われるのは明治以降です。ただ、「東京」とか「大阪」とかいう表記も江戸時代からちゃんとありはしますので、地名の表記がこうなっているからと言って、それが明治以降のものだという決定的な証拠にはなりえません。

本籍地の場合

漢籍（唐本）の場合、注意する必要があるのは、情報源に見られる地名が必ずしも出版地とは限らず、出版者の本籍地（籍貫・郷貫）である場合がしばしばあることです。

たとえば「光緒甲申春三月邵武徐氏開雕」などとあった場合、出版地＝邵武、出版者＝徐氏とするのは適切ではなく、「邵武徐氏」を出版者とし、出版地は不明とするほうがよいのです。

一つ明確な例をあげると、明治時代に公使として来日していた黎庶昌（れいしょしょう）という人が、中国ではやくに失われ日本にだけ残っていた漢籍の善本をあつめて刊行した『古逸叢書（こいつそうしょ）』という叢書がありますが、これの封面裏には「光緒十年甲申遵義黎氏刊于日本東京使署」とあります。光緒10年という年に「遵義（じゅんぎ）を本籍とする黎氏」が「東京の駐日公使館」において刊行した、ということです（「于～」「於～」は「～ニオイテ」と訓じます）。

ただ、人名の上に冠せられている地名を出版地としては絶対にダメ、というわけでは必ずしもなく、上海や広州などで営利出版をしていた出版者の場合や、その人や一族の家塾で刊行したものなどの場合は、そうした地名を出版地扱いしてもさしつかえない、と言ってよいケースもあります。

なお、中国の地名は時代によって何度も変わっていることが多く、また歴史的経緯による美称を有することもあり、たとえば「南京」「江寧」「金陵」はみな同じ都市を指します。また「湖北」「廣東」など、省全体を指すとともに、省会（しょうかい）（省の中心地）を指す場合もあるようです。

「山田」はメジャーな地名です（ただし江戸時代に限る）

出版地の呼称が非常にバラエティに富んでいることはさきに見ました。情報源の中でも見返し・扉にはこうした都市名の別称を記していることが多いのですが、刊記・奥付だと、都市名の表記がなく、それより小さな単位の街区や地番しか書いてないことがしばしばあります。「二條通鶴屋町田原仁左衛門刻」とか「銅駝坊書肆平樂寺村上勘兵衛壽梓」とかいった具合です。

こうしたものについては、次に見るようにＮＣＲの規定には問題点があり、地番や街区に当たるものしかない場合はそれを採用せず、推定できる都市名を「[京]」「[大坂]」「[江戸]」などと記録するのが実際上は適切でしょうし、既存の多くの冊子目録等でも、基本的にはそのような考えかたに基づいています。

和漢古書において、現在の「市町村名等」に該当するレベルの地名を認定するのは、決してむつかしいことではありません。江戸時代の出版活動は基本的にずっと京・江戸・大坂の三都が中心で、江戸後期から名古屋（名護屋・名兒屋）・水戸・仙台（僊臺）・和歌山（若山）・広島・佐賀（佐嘉）・熊本（隈本）・鹿児島（麑嶋）など地方の大藩の所在地や、長崎・倉敷といった要地の書店が出版活動に参加することが増えてきます。仏教関係だと奈良（南都）、国学関係だと松阪（松坂）など、その地域ならではの活動が目立つところもありますが、これらはみな基本的に現在の「市」のレベルとそのまま対応していると見て問題ありません。

気をつけるべき場所としては、以下の二箇所くらいを注意しておけばよいでしょう。一つは伏見（伏水）で、

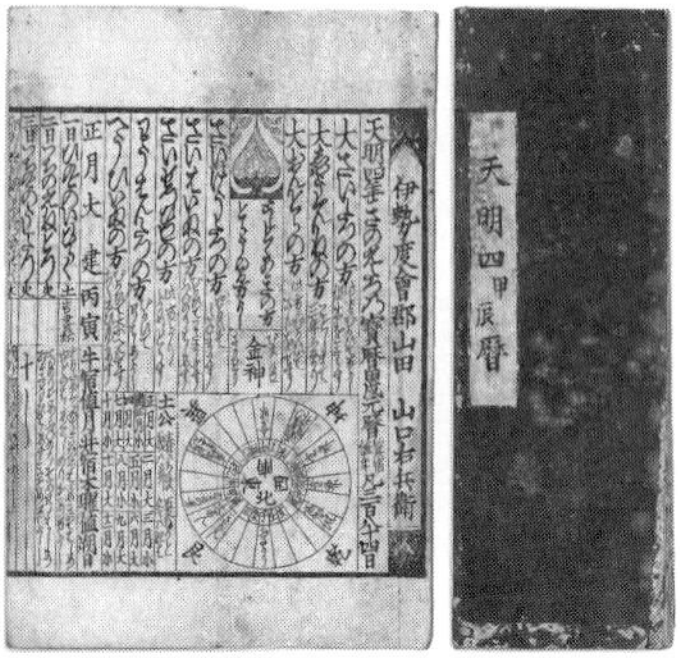

▶図６−１　山田で出版された折本の暦（伊勢暦）。

現在は京都市の一部になっていますが、江戸時代は京とは別に町奉行が置かれており、はっきりと別のまちでした。

もう一つは、伊勢神宮のお膝元で、やはり遠国奉行が置かれていた山田です。こちらは神宮のうち外宮のほうの門前町で、内宮の門前町の宇治と合併して、現在は伊勢市となっているところですが、さすが「神都」の異称があるだけあって、暦や神道関係の出版物が多く、当時にあって人口に膾炙した地名でした。

なお、写本の場合は事情がまた異なり、共同出版が多数ある刊本と違って、2以上の地名が出てくること自体がまずありませんし、書写地が三都に集中するということもありません。ですので、写本の場合は、現代の市町村のレベルと関係なく、現物にあるとおりのものをそのまま記録するということでも、それはそれでまったくよいように思います（まあ「書写地不明」なのが大半なのですが）。

出版地のレベル問題

現物に都市名の表記がなく、街区や地番しか書いてないケースについてですが、NCR87R3の2.4.1.2A（古）では「和古書、漢籍については、所定の情報源に表示されている出版地をそのまま記録する。それが現代の市町村より小さい場合、識別上必要があるときは、出版時の都市名、国名を補記し、また地名の別称が表記されている場合は当時一般に用いられたものを補記する。」としていました。

この規定に対し、2.4.1.1D（古）では「和古書、漢籍については、2以上の出版地があるときは、すべて記録する。ただし、現在の同一の市町村に含まれる2以上の地名は、同一の出版地として扱い、顕著なもの、最後のものの順で、一つを選択して記録することができる。」としており、矛盾があるのではないかと思っていました。すなわち、「同一の出版地」として扱うならば、出版者ごとに異なる街区や地番をそのまま記録するのではなく、複数のそれらを包含する都市名を記録するのが自然ではないでしょうか。

この条文であげられていた例では、刊記に「神田　北村順四郎　日本橋　須原屋茂兵衛」とあるものについて、出版地としては「日本橋」だけを採用することになっています（「江戸」を補記はしますが）。注記を見ればわかるだろうということなのでしょうが、すくなくとも出版事項だけを見れば、すべての出版者が日本橋の出版者であるかのように見え、非常に誤解を与えやすい苦しい書きかたに感じられます。

またこの例に即して言えば、実際の図書だと、たとえば「江戸書林　神田　北村順四郎　日本橋須原屋茂兵衛」などとなっている場合も多いわけです。この場合は出版地を「江戸」とし、一方で右のような場合では出版地は「日本橋」とする、などというのはどうにも奇妙ではないでしょうか。

そもそも2.4.1.1で「（出版地、頒布地等とするものの範囲）所定の情報源において、出版者（もしくは頒布者）名と関連して表示されている地名（市、町、村）のこと」と言っていたのですから、出版地として採用するレベルは「市町村名等」であって、それより小さな街区・地番等でないことは当然のこととして前提されているはずであるのに、明らかにそれより下のレベルの例示を出しているのはやはりおかしい気がします。

ＮＣＲ２０１８では、#2.5.1.2Aで「それが現代の市町村より小さい場合」という条文は削除されましたが、例示では「心斎橋［大阪］」というのが残っています。一方、#2.5.1.2.1Aにはやはり「現代では同一の市町村等に含まれる複数の地名は、同一の出版地として扱う。」とあります。

いずれにしろ、現物に記載されている、市町村等より下のレベルを書きたいのであれば、それは注記として転記すればよいだけと思います。奥付に十何人もいる場合はたいへんですが、現在のオンラインデータベースではがんばって転記するより、可能であれば画像を１枚つけたほうが、字配りや埋め木の状況なども一目瞭然ですので、はるかに有効と言えます。

出版者の役割表示

出版者については、ＮＣＲ２０１８の#2.5.3.2Aには「和古書・漢籍の出版者については、資料自体に表示されている名称を記録する。個人名のみの場合はそれを記録し、屋号のあるものは屋号に続けて姓名の表示等を記録する。」とありますので（ＮＣＲ87Ｒ３では2.4.2.2A（古））、基本的に刊記・奥付のものを図書にあるとおりに記載します。

ふつうは「屋号＋通称」か「名字＋通称」になっていますが、例示されているように「伊勢屋額田正三郎」といった具合になっているものもあれば、「上坂勘兵衛兼勝」のように諱があるものもあります。堂号も付されていることもありますが、同じ字の大きさでつづけて書かれているのでなければ、検索上はむしろ含めずに記録したほうがよいでしょう。

さて、和古書・漢籍において、刊記や見返し等に現れる「出版」を示す語は、きわめて多様です。実際の出版流通過程の順を追って考えれば、以下のようなものがあげられます。

まず、原稿をもとに版木に文字を彫る行為を示すものとして、「刊行」「栞行」「板行」「彫刻」「彫板」「上木」「鏤版」「剞劂」「刻字」など。とくに彫り始めたことを示す語として、「開版」「開鐫」「開彫」「肇彫」「發槧」など。彫り終わったことを示す語として「刊成」「刻成」「鳩功」「功成」などがあります。

このとき、版木の材質に由来する語として「上梓」「梓行」「發梓」「鋟梓」「繡梓」「綉梓」「壽櫻」「鐫棗」などがあります。すなわち「梓」の木を使うのが歴史的にはオーセンティックなのですが、これは中国での用語で、日本では版木の材料として最も適していたのは「やまざくら」なのだそうで、それで「壽櫻」といった言葉があります。石版印刷の場合は「上石」などと言います。

活字印刷の場合は、「活板」「排版」「排活」「集字」「聚珍」と言った用語を使います。「排」とは「並べて置く」という意味です。「聚珍」は、「活字」という言葉がどうも俗っぽいということで、中国清朝の乾隆帝が考案させたもので、「珍書を聚める」という意味合いになります。

さてまた、完成した版木を印刷することを示すものとして、「印行」「摺印」「刷印」「承印」などが、印刷したものを本のかたちに製本することを示すものとして「製本」「製作」「調製」「調進」などが、製本されたものを世に出すことを示すものとして「發行」「發兌」「發市」「發客」「頒布」「頒行」「弘通」などがあります。とくに対価を取って売ることを示すものとして「發賣」「發販」「販賣」「賣捌」「賣弘」「代售」「經銷」などがあり、一方、社寺などの「配り本」であることを示すものとして「施本」「施版」「施印」などがあります。費用を募って出版したことを示す「募刻」「募刊」「捐刊」といった表記も見ることがあります。

敬將捐資者並刷印信心應驗録者籍貫
芳名備録
高山五福堂　靈印曹如龍　左雲任敏政
天德功各捐錢一十千文　義合成　忻州石
寛　德勝公　右玉賈廷萱　雲中李如松
雲中石象璽　交城郝純緞　高山城鎮邊寺
吾全　文水王志樹　古豐左翼幕賓札拉芬
雲中晉賓李靜安各捐錢五千文　右玉鄭存

▼図6-2　道教の書物で、巻末に出資者が列記されている。目録には「巻末に捐資姓名を附す」などと注記。『信心應驗録』国立国会図書館所蔵。

実際の図書においては、出版者や出版年につづけて、これらのもろもろの語で用いられる各々の字を「刻」「梓」「版」など単独で動詞句として用いたり、各々の字を組み合わせたりしていることも多いですし、動詞句に対して「謹刻」「敬刻」など謹慎の意を表したり、「合刻」「同刻」「仝刻」「雙梓」など複数での出版の意を表したり、「新刻」「三刻」など回数を示したりするような副詞句を加えたりすることも、しばしばあります。

また上記のほか、刊印修のところで見たような何らかの書誌的来歴をともなうことになる表記として、一度印行されたものを同じ版木を使って再び印刷したことを示すものとして「重印」「後印」「再印」「後刷」など、もとの版木の一部を補修して刷ったことを示すものとして「補刻」「後修」など、版木をもう一度彫り直して複製したことを示すものとして「重刊」「重刻」「再刻」「後刻」など、内容にも修正を加えたことを示すものとして「改刻」「改正」「修刻」「訂刻」「校刊」などがあります（最後のものは責任表示とすべき場合もあります。76頁参照）。

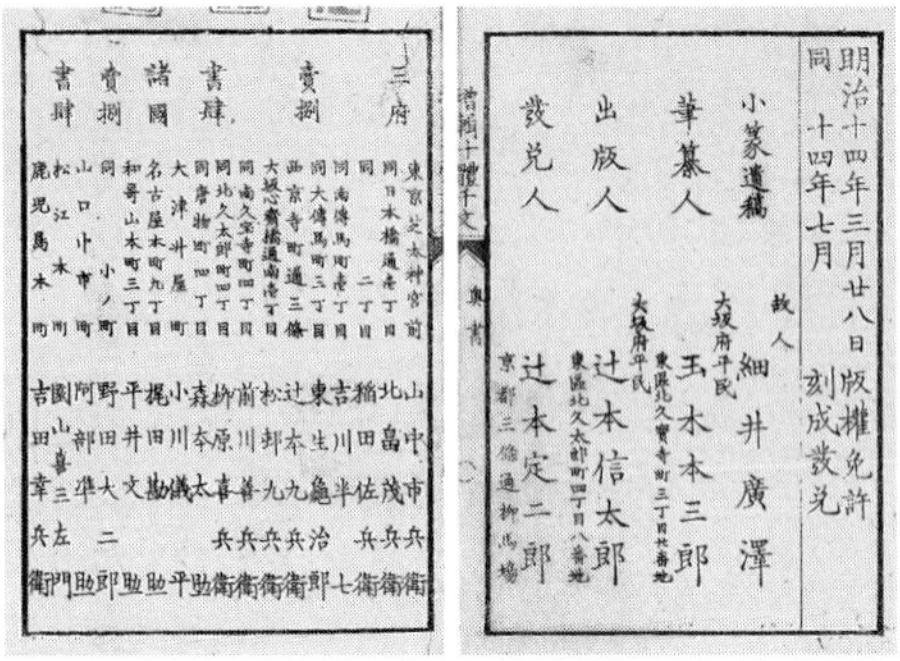
明治十四年三月廿八日版權免許
同　十四年七月　刻成發兌
小篆遺稿
故人　細井廣澤
筆摹人　大阪府平民　玉木本三郎
出版人　大阪府平民　辻本信太郎
發兌人　京都三條通柳馬場　辻本定二郎
三府　賣捌　書肆
諸國　賣捌　書肆
山中市兵衛
北畠茂兵衛
稲田佐兵衛
吉川半七
東生亀治郎
辻本九兵衛
松邨九兵衛
前川善兵衛
柳原喜兵衛
森本太助
小川儀助
梶田勘助
平井文助
野田大二郎
阿部準助
岡山喜三左衛門
吉田幸兵衛

▶図6-3　奥付（柱には「奥書」とある）ウラ丁に列記されているのは全国の店頭売り捌き書店。「版権免許」（135頁）の記載も見える。『十體千字文』。

第5章（103頁）で書いたように、原本をそっくりそのまま敷き写した場合には「覆刻」「景刊」「摸刻」「影摹」など、敷き写しではない場合、とくに中国で出版されたものを日本で再版した場合には「翻刻」「翻刊」「繙刻」「反刻」などといった言葉が使われます。

これらの語は、ほんらいはそれぞれ異なったニュアンスを持っており、たとえば「再版」は同じ版元による彫り直しで、「重版」は別の版元による彫り直しのことだと言います。しかしながら、現物においてはあまり厳密に区別されることなく用いられていることも多いですし、同じ出版者のはずなのに刊記と見返しとで役割表示が違ったりすることも多いですので、まああまり細かくは意識しないでもよいでしょう。

基本的にこれらの語をともなうものはすべて出版者になりうると考えてよいですが、ただし「發賣」「發販」「販賣」「賣捌」「賣弘」「代售」などはやはり頒布者（発売者）として記録したほうがよいと思われます。といって、全国の書店名が列記されている場合など、たんに書店として店頭で実際に売っていることを示しているのみであれば、記録する必要はありません。

蔵版について

右に列記した以外で、版木（あるいはその所有権）を持っていることを示すものとして「藏版（ぞうはん）」「藏板」「藏梓」「貯板」などといった表示があります。たんに「藏」とあるのもこの意味です（これに対し、たんに「版」「板」「梓」とあるのは動詞句と見るべきであって、版木に加工した意であり、蔵版者のこととは見なさないほうがよいです）。

江戸時代には著作権という概念は基本的に存在しませんでしたが、版権に相当する概念はあり、「板株（いたかぶ（はんかぶ））」の権利として、幕府から統制と保護が加えられていました。この権利は文字通りには「板木」の権利なので、逆に写本というものには原則として幕府の統制は及ばず、したがって実録物とか猥本とかいった類のものはもっぱら写本で流通していました。興味深いことに、活字印刷のものは写本扱いとなり、したがって版権というものは生じませんでした。たしかに半永久的に残る整版と違って、活字をいったんばらしてしまえば「版」としてはそれっきりですからね。

この「板株」の権利はほんらいまったく即物的なものであったわけですが、時代が下がるにつれ、たとえば焼けてしまっても権利は残るなど、必ずしも版木の所在それ自体に即したものでもなくなってきました。この板株を所有し出版する権利を有していることが「蔵版」であり、和漢古書における特徴的な存在と言えます。

蔵版者には、著者自身など、商業的出版活動を行っていない「素人蔵版」の場合と、営利出版者がそれになっている場合とがあります。前者の場合、著者やその家塾がいわば私家版のかたちで刊行し、売れ筋となったら営利出版者に発行者となってもらって広く流通経路に乗せる、というのがありがちなパターンです。後者は、そうした版木の権利を買い取ったケースのほか、あるいは当初から出版者の企画商品として版の作成から販売にいたるまでを行う場合もあります。

それらの版木あるいはその権利は何度も転売されるようなこともあり、版木あるいはその権利の移動があったことを示すものとして「求版（きゅうはん）」「購版（こうはん）」「買版（ばいはん）」「靳版（きんはん）」などといった用語があります。

蔵版者は、他の出版者（発行者等を含む）がある場合は、原則として注記に記録します。他の出版者がない場合や、発売者のみある場合などは、注記した上で、書店や官公庁（藩）の場合は出版者として記録してよいですし、個人・私塾の場合も補記括弧に入れて出版者として記録してよいでしょう。ただし、刊記・奥付において現代の市町村に対応するレベルの地名以下の地番・街区ととももに表示されている場合は、基本的に営利出版者であり、「蔵版」とあってもふつうの出版者として扱ったほうがよいです。

この蔵版者というのは漢籍でも存在しますが、中国の場合も、公的機関や家塾のほか、書店であることもよくあり、基本的に補記なしで出版者として記録してよいです。ただし、「本衙(ほんが)蔵版」(「衙」は「役所」の意)のようにあって蔵版者を特定できない場合は、注記にそのまま「封面に「本衙蔵版」とあり」などと記録し、出版者は不明としておきます。

「製本」の正体

「蔵版」のほかに注意したい表記として、「製本」があります。現代書ではふつう印刷・製本者ということで、出版者としてはふつう記録しませんが、明治前期を含む和漢古書においては、そうした存在と判断してしまうとまずいことがあります。

和漢古書における「製本所」は、『日本古典籍書誌学辞典』に「本屋以外の素人蔵版の書籍の製作を請け負う書肆について、版元と区別す

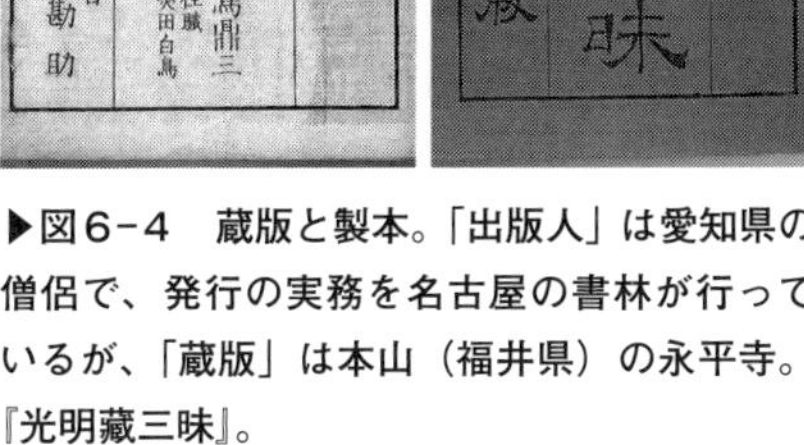

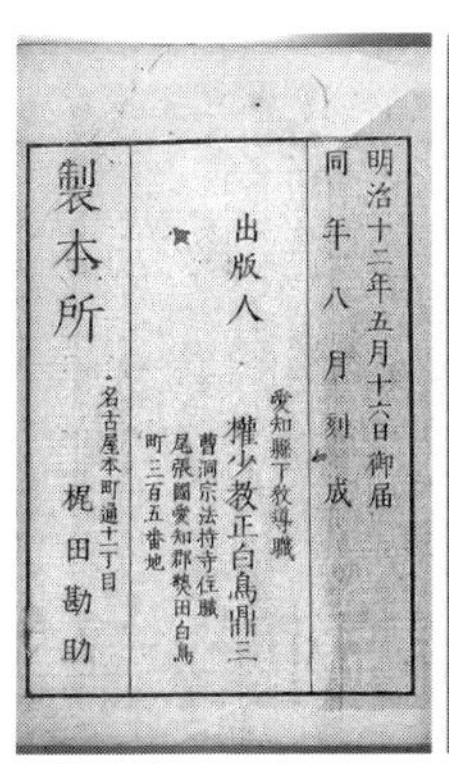
明治十二年五月十六日御届
同年八月刻成
愛知縣下教導職
出版人　權少教正白鳥鼎三
曹洞宗法持寺住職
尾張國愛知郡桜田白鳥町三百五番地
製本所　名古屋本町通十丁目
梶田勘助

▶図6-4　蔵版と製本。「出版人」は愛知県の僧侶で、発行の実務を名古屋の書林が行っているが、「蔵版」は本山(福井県)の永平寺。『光明藏三昧』。

るために製本所の称をもって刊記に記す場合も多い」(336頁)とあり、要するに発行者のことなのです。実際、「製本發兌」といった役割表示もしばしば見られます。もちろん、製本者と発行者が異なる場合もあり、その場合は製本者＝出版者、発行者＝発売者となります。

ということで、「製本」「製作」「調製」あるいは「印行」なども、他に出版者がなければ、現代書とは違って、「出版者」として記録するほうが適当です。ただ、他に出版者があって、製本者が発売者より後に記されている場合などは、これらや「刻字」「剞劂(きけつ)」などは、まさに現代の「印刷・製本」とほぼ同じ、すなわち製作者として扱ってよいでしょう。

役割表示の記載と実態

以上見てきたような多様な役割表示は、幕末から明治期にかけてはまさに過渡期ですので、意味が重なり合いながら微妙にずれてもいるようであったり、一概にこう、と言えるものではありません。

「出版」と「發兌」、「蔵版」と「發行」、「製本」と「發賣」など、いろいろな組み合わせがありますし、「發行」と「發賣」の組み合わせだったり、あるいはさらにそれに「專賣」が加わったりといったパターンもあったりします。「取次所」「販賣所」などというのも時々記載されています。

かと思えば、發行者＝青山清吉・発売所＝青山堂などというふうに、どちらかが堂号による表記になっているだけで、実態としては同一の存在だったりすることもあります。こうした場合は、違

明治二十四年一月七日印刷
同　年一月二九日出版
定價金壹圓貳拾錢
版權所有
著者　故人　落合直澄
發行者　増補人　落合直亮
發行所　吉川半七
印刷人　瀧澤養吉

明治九年四月十三日御届
同年同月二十八日版權免許
定價貳圓五十錢
著者　廣嶋縣士族　賴久太郎
原書版主相續人
增補著者出版人
同　賴又二郎
京都府下上京二十二區
三本木上ノ町四百五十七番地
賴氏藏版

明治九年一月十二日板權免許
仝十三年五月一日再版御届
仝年六月出版
著者　廣島縣士族　賴久太郎
出版人　京都府平民　賴又次郎

發兌
書林
田中太右衛門
柳原喜兵衛
和田治郎兵衛
山内五郎助

明治九年一月十二日版權免許
同十三年五月一日再版御届
同廿一年三月廿五日三刻出版
版權所有
著者　廣島縣士族　賴久太郎
版權所有者　京都府平民　賴龍三

印刷兼發行者
田中太右衛門
大阪府南區安堂寺橋通四丁目六十二番地
仝　柳原喜兵衛
仝東區北久太郎町四丁目十四番地
仝　中川清次郎
仝東區糸屋町壹丁目十八番地

▼図6-5　現在では「発行者」は「発行所」の代表だが、上段右は「発行者」が著者の血縁者である例（『太古史年歴考』国立公文書館所蔵）。残りは『校正日本外史』の初版（上段左）・二版（中段）・三版（下段）。著者の子孫の役割表示が各版で異なっている（いずれも国立国会図書館所蔵）。

う役割の存在として別々に記録したりはしません。

「發行」「發兊」「發市」「發客」「頒布」「頒行」などは、他に出版者があるのならば、頒布者（発売者）と見なしますが、そうでなければ出版者でよいでしょう。ただし前の場合でも、前者が「版権」を有している著者やその相続人である場合などは、「發兊」のほうをpublisherとして扱ったほうがいい場合もあります。実際、「出版」「版主」「版元」などと表記があるケースは、完全に蔵版者の意味で使われていたりする場合もあり、「出版人」とあっても注記にまわしたほうがよいこともあるのです。

といった具合に、これらの表記の意味するところとそれぞれとの関係は、きわめて複雑多岐な、ほとんど怪奇的なまでの様相を呈しており、整理するのは容易ではありません。すくなくとも明治以降のものについては、現代書として扱うことも多いですし、ほんらいならば、日本の目録規則でこそきちんと規定しなければならないはずのところでしょうが、現実にはなかなかたいへんなことかと思います。

共同刊行の扱い

今までも何度か触れてきましたが、和漢古書の出版においては、共同刊行ということがよくあります。とくに日本では、商業出版が盛んになるにつれ、相合版（あいあいばん）といって複数の書店が資金を出しあって出版するというかたちが増え、江戸後期には刊行物の相当の割合のものがそうなっています。

1書肆あたりの経費が抑えられたり、共同刊行者どうしのネットワークで全国に流通させられたりといったメリットがあったようです。

相合版の場合、原則としては、版木自体を、それぞれの版元が出資割合に応じた枚数で所有・保管することになっており、これを留板（とめいた）と言います。お互いが勝手な増し刷りをできないようにというためですが、単純ながら効果的なやり方で、「版木」という物理的存在ならではの話ですね。

共同刊行者は、基本的に刊記や奥付に連名で表示されます。もっとも、これらの情報源の特性から言って、版木の権利が移動する以前の名前が残ったままだったりすることもしばしばあります。あるいは出版そのものにはかかわっておらず、たんに流通販売で提携しているだけの場合も実態としてはよくあるようですが、そのあたりの区別はなかなかむつかしいですので、とりあえずあまり気にしなくていいかと思います。

共同刊行者は十数肆になることも珍しくありませんので、カードや冊子目録ではスペースの関係から、代表者のみを記録したり、「代表者［ほか］」としていたこともよくありました。しかしこれについては、中村幸彦氏が「和本書誌のしるべ」（『中村幸彦著述集　第15巻』中央公論社、所収）というコラムで（代表者のみを記録するのは）「不親切で、私は従いがたい」とし（複数の書肆のうち）「代表を選ぶことは事務的では無理である。むしろ多くとも全部記入する方法が、事務向きである」と書いておられるように、可能なかぎりすべて記録することが望ましいです（たんなる店頭での売り捌き書店は除く）。

ＮＣＲ87Ｒ３では、これまでの慣習を引き継いで、2.4.2.1D（古）で「和古書、漢籍については、出版地ごとに出版者を記録する。一つの出版地に2以上の出版者等の表示があるときは、顕著なもの、最後のものの順で代表とする一つを選択して記録し、他は「[ほか]」と補記して省略する。」としていました。しかし、とくにオンラインデータベースでは、有効な検索結果集合をつくるという観点から、やはり省略せず、別法２（古）に「記録する出版者等の数は、書誌的記録作成機関において、その必要に応じて定める。」とある規定を採用し、「全部必要」と考えていただいたほうがよいです。

もちろん、システムの制限で入力できる出版地や出版者の数に制限がある場合は仕方がないので、出版事項として記録できなかったものは注記に記録することになります。その場合でも、三都の出版者はできるだけ、出版事項として記録するようにしたほうがよいでしょう。

ＮＣＲ２０１８の #2.5.3.2.2A では「顕著なもの、最後のもの、その他のものの順で記録する。」と、全部記録することをスタンダードとし、「省略して記録する場合は「ほか」と付加し、記録しなかった出版者は必要に応じて記録する。」と、省略も許容するという書きかたになっており、これは穏当なものになったと言えるでしょう。

後ろからか、前からか

共同刊行の場合、代表的なもののみ記録するにしても全部記録するにしても、出版者が複数存在するわけですので、どの順番で記録していくかが問題になります。この問題については「刊記書肆連名考」といった専門の論文もあったりするのですが、刊記・奥付から採用する場合、原則として「後ろ（左）から順番に記録する」というのがスタンダードなやり方です。

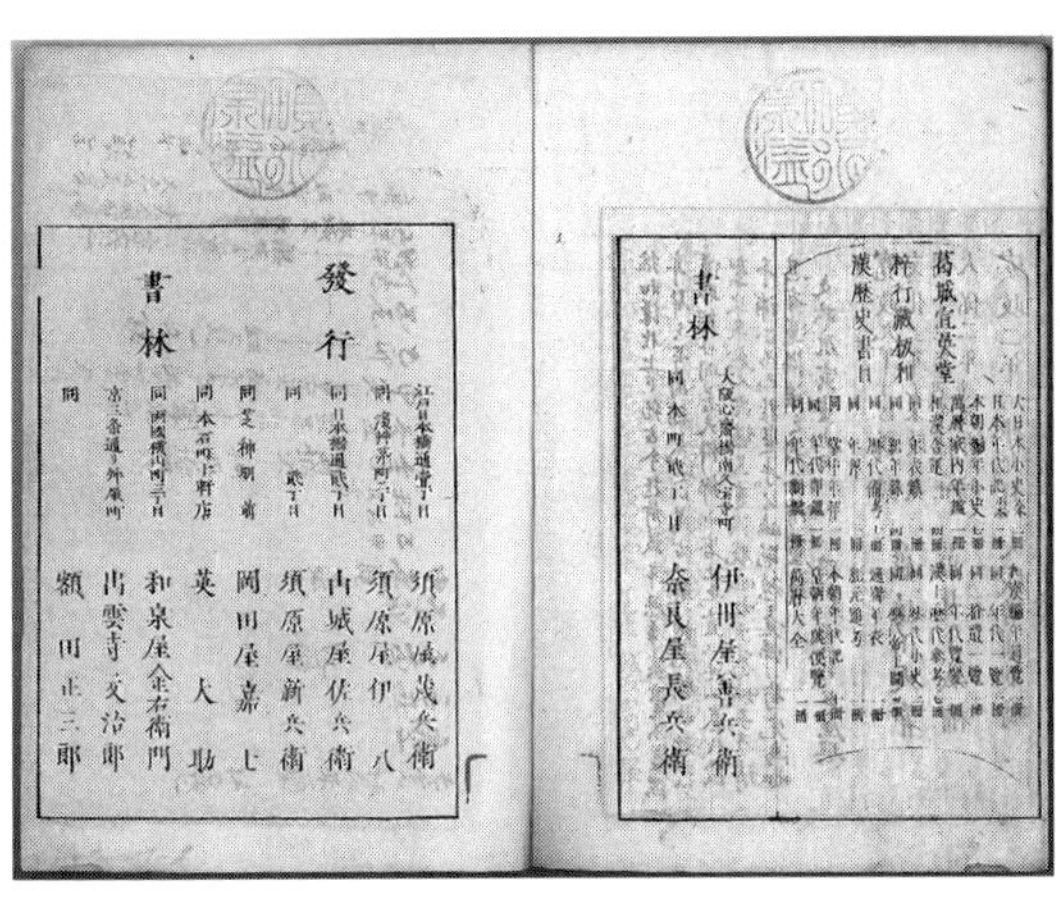

▶図6–6　連名書肆（『和漢年契』）。「葛城宣英堂」は奈良屋長兵衛の堂号で、奈良屋が主版元の安政2年版の額田正三郎ほかによる後印。

共同刊行者のうちだれが主版元かということは、ほんとうは当時の出版記録などで確認しなければならないのでしょうが、跋文の内容を読んだり、あるいは見返しや版心に一人だけ記載されている堂号と照らし合わせたりしても、たしかに奥付の最後の人がメインだと判断できることが多いです。広告や出版目録が附されている場合も、奥付の最後の人と一致することがわりと多いです。

といって、もちろん例外はしばしばあるので、たとえば京都の植村藤右衛門（伏見屋）という出版者の奥付の場合、いちばん右に本店を書き、支店を左に記していくスタイルになっています。また、往々にして奥付の主版元の下には「梓」とか「版」とか一文字追加されたりしているのですが、たいていは最後の人であるものの、時々真ん中あたりの人にそうした字が附されていたりすることもあります。

また、主版元のところに朱印が捺されていたりすることもよくありますが、これについては、たんにその人の店頭で売っていた場合に捺しているようなケースもあるようなので、一概には言えません。なお、見返し・扉に複数の出版者名（ふつうは堂号です）が列記されている場合は、刊記・奥付とは逆に、前（右）からの順になっているのがふつうです。

ということで、「顕著なもの」が明らかである場合以外、基本的に出版者は刊記・奥付の後ろから記録していればまず問題ないと言えるでしょう。もっとも、〝日本古典籍総合目録データベース〟の「書誌一覧」では、「出版事項」の欄は前から転記していたりするようです。ただ、これはこのデータベース（ちなみに出版者は独立した検索対象になっていません）において、それぞれの欄の内容はまとまって一つのものとして表示するようにしているからであって、ＮＣＲ等の目録規則ではやはり、最初に記録する出版者と2番目以降に記録する出版者とでは意味づけが違ってくるかと思います。実際の図書館システムでも、簡略表示では最初の出版者のみ示すようになっているものもよくありますので、主版元を選定してそれを最初に記述するようにすることはやはり必要だと思われます。

この主版元をいちばん後ろに記載するやり方は明治に入ってもしばらくはつづきますが、途中から現代風に、主要な出版者を前（右）から順番に記載していくように変わってきます。この切り替えはだいたい明治10年代くらいに進んだようですが、この前後のものははたしてどちらの方式なのか、それぞれの図書ごとに注意して見ていく必要があります。傾向としては、奥付に著者と並んで記されている場合や、異なる役割の出版者が列記されている場合は、現在と同じく前から記録したほうが適切なことが多いようです。

干支ひとめぐり

つづいて出版年について見ていきましょう。

和漢古書では、刊記・奥付や見返し・扉に出版年の記載があることが多いですが、「文政七年」などと「年号＋年次」で記載されている場合のほか、「文政甲申」といった具合に「年号＋干支」となっている場合もよくあり、どちらも出版事項としては「文政７（１８２４）」のように西暦を付記して記録します。後者のパターンもごくふつうにありますし、干支は60年でひとめぐりなので、年号と組み合わせればまずユニークなものとして決定できますので、とくに注記とかする必要はないと思われます。

もっとも、ダブってしまうケースが一つだけあり、中国清代の「康熙壬寅」は「康熙元（１６６２）」の場合と「康熙61（１７２２）」の場合と両方あるのですが、まあ60年も離れているので、たいていはその他の傍証からどちらなのか見当がつきます（なお、「元年」とか「紀元」とかあるのは「元」

と記録したほうがよいと思いますが、「1」に置き換えて記録しても間違いということでもありません）。ちなみに、康熙帝の孫にあたる乾隆帝は、60年できちんと（？）譲位してくれています。

ただ、年号がなく干支しかないという場合もありますので、この場合は「刊記に「戊辰三月中旬」とあり」などと注記し、推定できれば出版年を補記で記入することになります。洒落本や黄表紙といった「読みとばし系」の本はこのパターンがしばしばありますが、十二支のほうしか書いていないことも多いです。黄表紙では、内容といっさい関係なく絵題簽に牛やらイノシシやらの絵があったりして、それから干支が推定できたりなどということもあります。

意地の年代

近代の漢籍（唐本）では、辛亥革命（1911年）後も共和制を認めたくない清朝の遺臣が「民國〇年」など意地でも使わず、干支のみを記しているのもよく見ます。時に「宣統甲寅」（＝1914年）などというありえない年記にお目にかかったりします。

なかなか興味深いのは清代に相当する時期の朝鮮王朝の図書で、冊封体制下でおとなしく「雍正三年刊」などと宗主たる清朝の年号を使っているものもありますが、やはりどうもイヤなのか、干支のみにしたり、「王之十一年」のように王様の即位後何年と書いたりしているものもよくあります。こういうのは注記した上で「[純祖11（1811）]」のように記録します。

さらには、中華の正朔は奉じるとしても、夷狄（満洲人）の王朝など絶対に認められるものかと、明の最後の元号を使って「崇禎二百四年」（＝1831年）とか「崇禎後三戊子」（＝崇禎元（1628）年後の3回目の戊子の年＝1768年）などといった具合に書いているもの（崇禎紀元）もあり、この気合っぷりには恐れ入りましたという気分になります。

呪文？「歳舎柔兆涒灘」

干支についてもう一つ知っておいたほうがよいこととして、歳陰歳陽というものがあります。木星の公転周期がおよそ12年であることから、木星（歳星）あるいはその天球上の対称点に仮想された太歳という星の位置を十二支に配当して年を記録する「太歳紀年法」という方法が古代中国にあるのですが、この十二支（歳陰）および十干（歳陽）のそれぞれに「困敦（子）・赤奮若（丑）・攝提格（寅）・單閼（卯）・執徐（辰）・大荒落（巳）・敦牂（午）・協洽（未）・涒灘（申）・作噩（酉）・閹茂（戌）・大淵獻（亥）」「閼逢（甲）・旃蒙（乙）・柔兆（丙）・強圉（丁）・著雍（戊）・屠維（己）・上章（庚）・重光（辛）・玄黓（壬）・昭陽（癸）」と名前をつけたものです。

これを使って「歳在閼逢攝提格（＝甲寅）」「歳次昭陽作噩（＝癸酉）」などと年を表している図書があります。太歳が○○の位置に在る年、ということです（「次」とか「舎」とかは「やどる」という意味になります）。ごらんのようにふだん絶対目にしないような文字が羅列されていますので、何かの呪文かとびびってしまいそうになりますが、慌てずに干支に置き換えてください。ちなみに「柔兆涒灘」は「丙申」となり、平成28年の干支になります。

月の異名ほか

和漢古書では現代書と違って月まで入力することはありませんが、月の別名なども知っておくと役に立ちます。よく目にするのは、春夏秋冬にそれぞれ「孟（＝長男）」「仲（＝次男）」「季（＝末子）」をつけて、4月を「孟夏」、12月を「季冬」のように書いているものですが、ほかにも「青陽（＝1月）」「林鐘（＝12月）」などと言った別称があります（正月とかこの林鐘とかが出版月となっていることが多いですが、名義上だけの日付もあるかもしれません）。和書の場合は、「睦月」とか「霜月」とかのようなものもよくあります。

また月を十日ごとに分けた言い方として、今でも使う「旬」のほか、「浣（かん）」や「澣（かん）」もよく見られる表記です。「二十」「三十」が「廿」「卅」と書かれていたりするのは知っている人も多いでしょうが、「二十〇日」を「念〇日」と書いていたりするのもしばしば目にするところです。

年号の後には西暦を付記しますが、厳密に言うと西暦と旧暦の年は若干ずれているので、年末の日付とかではほんとうは違うことになりますが、年単位での記録ですから目をつぶってよいと思います。なお、日本では年内でも即日に改元するので一年のうちに二つの年号があることはよくありますが、中国では「踰年（ゆねん）改元」といって、代替わりがあった翌年の正月に改元しますので、そうしたことは基本的にありません。

西暦自体が書いてあることはもちろんほとんどありませんが、近代のキリスト教の布教書などだと「耶蘇降生一千八百八十年」などとあることもあったりはします。清末以降の中国や朝鮮半島の本では西暦の影響でつくられた「孔子紀元」というのもまれにあったりしますが、じつは「神武紀元」（皇紀）というのは、和漢古書ではほとんどお目にかかりません。

やまとごころ

和漢古書の出版年の表記についていろいろ見てきましたが、情報源にあっても、それらを出版年として記録してよいかは、これまで述べてきたようにまた別の問題となります。前述したように（96頁）、あくまで、記録した出版者と対応するものを、出版年として採用しなければなりません。

時々、刊記や奥付にある出版年より新しい序跋の年があったりするものもあります。ここらが和漢古書の自由自在なところで、刊記や奥付ができたあとで急遽序跋を書いてもらってそれを附けて出版したり、後印の際にしれっと新しい序跋をつけていたりしているのです。

後者の場合は、序跋の年に後印したものとして記録し、刊記等の情報は書誌的来歴の注記に入れることになるでしょうが、情報源の年記と序跋の年とが一、二年くらいしか違わない場合は、情報源の出版者・出版年を出版事項として記録し、序跋については「○○年序あり」などと注記しておいたほうが、出版事項として記録できる情報量の多寡からしてもよいように思います。

序跋（叙・題辞・題言・引言・緒言・前言・凡例・例言・提要・後語・書後・後序などを含む）の年を出版事項に記録する場合も、それはあくまで出版年を推定できるものと見なされる範囲において記録するのであって、無原則に採用してはなりません。内容の成立年と出版年／書写年というのはあくまで別ものですので、同一視したり混同したりしないように気をつけましょう（ただ、写本の場合は、書写年の上限がわかるという点で、最新の序跋の年を注記しておくこと自体は悪くないと思います）。とくに、日本では文録年間、中国では元以前の序跋の年は、図書自体が古い時代のものという確証がないかぎり、出版年としては原則として記録しないほうがよいでしょう。

序跋においては、年月日は当然その文末に書かれていることが多く、漢文の序跋の場合、最後のほうで「于時～」とか「維時～」とか「旹～」とか出てきたら、だいたいそのあたりから年月日が書かれています。表記自体は、他の情報源の場合と基本的に変わらず、例の歳陰歳陽を書いている場合もあります。

和書、とくに国学関係の本などでは、こちらはこちらでまた凝った書きかたをしている場合があります。うねうねと和文を書きつらねた後で堅苦しく漢字の元号を書くのもおもしろくないのか、「ゆたけきまつりごとのはじめのとし」（＝寛政元年）、「あきらかにおさまる七ツの春」（＝明治7年春）などと大和言葉に言い換えていることがあるのです。「天の保つといふとしの十とせまり二とせの葉月」云々とあれば、天保12年の8月ということになります。前後の文章に埋没していることもよくありますので、見落とさないようにしましょう。

「古い本」

情報源には「御免」とか「免許」といった年が記されている場合もあります。出版許可が出た年ということで、実際の版年の直前であることが多いですが、数年間隔が空いていることもあります。明治前半の図書では「版権免許」の年が入っているものをよく見ます。著作権年とはやはりまた別ですので、同じようには扱えないでしょうが、目録規則にまったく規定がないのも、ほんとうはどうかと思います。

出版年が確定できなければ、おおよその出版年代を推定して入れます。その年号の時代であることが確かならば「[光緒中]」などと、多少の前後も含むなら「[文政頃]」などと、ある年号からある年号のあいだであることが確かであれば「[嘉慶道光間]」などと記録します。といって、さすがに「[慶長慶應間]」などという書きかたはしません。

江戸時代の資料であれば、「[江戸前期]」「[江戸中期]」「[江戸後期]」くらいまでは、推定がつけば入れたいところです。この場合、時期の境界をどこに置くかは人によって多少違いますが、おおむね「元禄」(1688~1704年)および「寛政」(1789~1801年)の前後のあたりを境界とすることが通例です。コード処理上、西暦の世紀の変わり目でいうことにしてもよいかもしれません。「[江戸初期]」「[江戸末期]」なども使う人もいます。漢籍(唐本)の場合は、16世紀末から17世紀前半にかけての万暦~崇禎年間のものについて「[明末]」、19世紀後半から20世紀初頭の光緒~宣統年間のものについて、「[清末]」とするといった書きかたもあります。

また、年代は特定できないが幕末から明治にかけての頃に刷られたものというのもよく目にしますので、それらは不明としたりせず「[幕末明治期]」などとしておいたほうがよいでしょう。和漢古書をずっと扱っていると、幕末とか明治とかは「新しい本」という感覚になってきますが、日常の感覚で言えば「戦前の古い本」とか「明治時代の古い資料」とかいった表現はごくふつうなわけですし、図書館作業の現場でももちろん同様ですので、そのあたりで感覚のズレを認識することになります。

しかしながら、世の中には上には上がおられるものです。昔、稀覯本を多く所蔵していることで著名な某図書館の方に、館蔵資料を案内していただいたことがありますが、貴重な中世の写本を次々に見せていただくなかで、「ああ、これは江戸に入ってのものですから新しいです」とさらっと言われました。何が古くて新しいかは相対的なもの、いずれは「平成の古い本」という感覚がふつうになる日もくるのでしょうね。

ともあれ、推定がつかない場合は無理をせず、おとなしく「[出版年不明]」「[書写年不明]」としておきましょう。

第7章　出版事項（附）——書写資料とさまざまな「刊本」

第5・6章で出版事項について見てきましたが、ここで「出版物」ではない書写資料の扱いほかに触れておきたいと思います。

「写本」の誤解

ＮＣＲ87Ｒ3では、第3章で「書写資料」が扱われていましたが、この章の冒頭には「この章では、写本、手稿などの書写資料の記述について規定する」とあります。この書きかたですが、実のところ、ちょっと誤解を招くような気がしていたのですが、どうでしょうか？

この文だと、書写資料の具体例として、「写本」というのと「手稿」というのとが並置されています。ＮＣＲ87Ｒ3の「用語解説」を見てみると、「手稿　著者自身が書いた原稿。自筆稿本。」とあります。となると、この文脈では、「写本」というのは、「手稿」と対比されるところの、著者自身の自筆ではなく、別の人の書いたものを「書き写したもの」と捉えるのが自然なように思われますし、実際一般的にも、「写本」といったら、何かオリジナルがあってそれから書き写したもの、とイメージするのがふつうでしょう。

ところが、書誌学では「写本」は実はその意味ではないのです。この場合の「写」は「写した」ではなく「書いた」という意味で（現代中国語でも「文字を書く」ことを「写字 xiezi」と言いますが）、刊行物と対比して「手で書かれたもの」すなわち書写資料全般のことを指して「写本」と言うのです。

ふたたびNCR87R3の「用語解説」を見てみると、「写本　手書き、またはタイプライターによって書いた本。写本には著者自らが書いた本（自筆稿本）と、他の人が写しとった本（影写本、横写本）がある。」とあり、この説明自体は確かに正しいのです。ですが、上述のように「写本、手稿などの」云々と書かれているのを読んだ場合、この「手稿＝自筆稿本」が「写本」に含まれる下位概念だと認識されることはまず無いように思われるのです。

ちなみに、さらに細かいことを言うと、NCR87R3の「影写本」はオリジナルを忠実に模した写本のことですので、「用語解説」で、自筆本と対照される転写本一般を示すタームのようにあげられるのはちょっと適切でなかったようにも思います。

ということで、書誌学での「写本」はあくまで「写本か刊本か」という意味合いで使われ、一般的な「自筆か転写か」という意味での用語ではありません。実際、歴史学などでは確実に後者の意味で使われますので、日本史を勉強していた方に手伝ってもらったりすると、ここのところで引っかかって話が噛み合わなくなることがしばしばあったりします。書誌学では「転写」の意味でとると間違いなんですよ、と説明するのですが、でも世の常識は相手のがわにあるような……。

NCRでの扱い小考

ＮＣＲ２０１８では「書写資料」を扱う章というのは無くなり、「用語解説」でも「索引」でも、「写本」という項目自体が無いようですので、書誌学的な意味で、「写本」というのは書写資料とイコールだとしているのだと思います（ただ、「用語解説」の「書写資料」のところは、「写本・手稿など、手書きで作成された資料。」と、まだ並立的に書いていたりはするのですが）。

ＮＣＲ87Ｒ３で刊行物と書写資料とで章が分けていたのも、ＡＡＣＲの構成を踏襲したものでしょうが、現実に存在している和漢古書の状況からすれば、両者はある種渾然一体としていますので、どうにも使いにくいものでした。刊行物と書写資料とで規定を別にするよりは、やはり現代書と和漢古書とで規定を別にするほうがわかりやすく、実際中国においては、大陸の『中国文献編目規則』（２００５年第2版）でも「第4章：古籍」を「第2章：普通図書」と、台湾の『中國編目規則』（１９９５年修訂）でも「第4章：善本」を「第2章：圖書」と別にして規定しています。中世以来現在に至るまで基本的に同じスタイルで造本がなされてきている欧米に対し、日本も含まれる漢字文化圏においては、欧米とは別個に独自の書物の造りかたが発展してきていたという歴史的経緯があるわけですので、そうした和漢古書の扱いを考える上では、やはりこの方面への目配りも不可欠でしょう。

ＮＣＲ２０１８で、刊行物と書写資料とで規定を別にしていないのはよかったですが、といって和漢古書の規定が現代書の規定の中に混じっているのはやはり使いにくく、せめて地図や楽譜並みには分けてほしかったと正直思うところです。

漢籍では鈔本

この「写本」ですが、漢籍ではふつう「鈔本（しょうほん）」と言います。ほんとうは「和古書」「漢籍」の区別によって使い分けるのではなく、「和本」「唐本」の区別に対応して使い分けたほうがいいのではという気もしなくはありませんが、漢籍目録等で「日本鈔本」という言い方もしばしばされますので、「和古書」「漢籍」の区別に対応させるということでいいのでしょう。

「鈔」と「抄」は同義で使われ、「鈔本」はまた「抄本」と書いても別にいいのですが、「抄本」というと「抄録したもの」「抜粋したもの」と間違われる可能性がありますので、あえては使わないほうがいいかと思われます。なお、「抄物（しょうもの）」というと、「○○抄」といった書名になっていたりする、和漢の古典を注解・講釈した一群の和書を指します。

写本の制作事項

書写資料については、NCR2018では#2.8で規定される「非刊行物」とされ、出版事項と対応する位置に「制作事項」として書写に関する「場所、責任を有する個人・家族・団体、日付を識別する表示」、すなわち書写地・書写者・書写年を記録することになっています。（NCR87R3では「製作事項」でしたが、NCR2018では「製作」と「制作」は区別されています」。

厳密に言えばある人が書いたものを別の人が取り集めて製本した場合なども無くはないので、書写者と制作者とは異なるのですが、そうしたことが判明することはきわめて少ないので、書写者・書写年を記録するということで実際上はまず問題ありません。

書写者が判明した場合、制作者として書写者を記録しますが、このとき著者自筆の場合は「某々［自筆］」と、別人による転写の場合は「某々［写］」と記録します（ＮＣＲ２０１８では #2.8.3.2.1A）。「写本」は転写した本ではなく「書いた本」のことだということを書きましたが、ここでの「写」は常識どおり（？）「転写」の意味になります。

「奥」に書いたもの

ＮＣＲ87Ｒ３の3.0.3.2のウ）を見ると、情報源として「刊記、奥付」の代わりに「奥書」というのが入っていました。「奥」というのは「書物のいちばん最後のところ」の意味で、「奥書（おくがき）」は要するに「巻末に書かれている文章」のことです（ちなみに、これに対応する「巻頭に書かれている文章」は「端書（はしがき）」になります）。刊行物で使われる「奥付」とは、語源は共通ですが、やはり別ものですので、きっちり使い分けましょう。写本をもとに彫り起こしたという場合を除き、刊本では「奥書」「端書」は使わないほうがよいですし、逆にもちろん「刊記」「奥付」は写本では使いません。

この「奥書」は、「跋」や「識語」と重なり合うところもありますが、やはり概念としての違いがあり、基本的に「書いてきた（あるいは書き写してきた）最後に記す文章」のことです。「跋」は

「巻末に本編と別につけた文章」で、刊行物でも書写資料でも存在します。「識語」は「できあがっている書物に書き加えた文章」で、巻末以外に記している場合も含みます。もっとも、奥書は著者あるいは書写者だけのものとは限らず、広くは校合（きょうごう）・伝領（でんりょう）なども含んで「何らかのかたちでかかわってきた者」が巻末に記したものとも言え、そうなると「巻末にある識語」と置き換え可能ともなってきます。いずれにしろ、どの場合も著者自身によるものか否かは問いません。

多くの奥書には、著者自身や転写者、あるいはそれ以外の人によって、著述・転写の経緯が書いてありますので、そこから書写者・書写年を採用して記録することができます。よく読むと「写した」でなく「写させた」という場合もあるので注意してください。

こうした内容は扉や表紙などに書かれていることもしばしばありますが、「奥書」は「書かれてきた最後」にあることが要件なので（むろん多少の付加がつづいていることは容認されます）、そうしたものは奥書とは言わず、「扉に「〜」とあり」のように注記します。

元奥書もしくは本奥書

奥書を扱う上で問題なのは、それが手もとの本にオリジナルのものとしてつけられたものなのか、もともと底本にあったものを写したものなのか、一見したところでは区別がつけにくいことが多いことです。本文と同筆か他筆かは、どちらのケースでもそれぞれありうることですから、それ自体では何とも言えません。

書写奥書に対してもともとあったものを「元奥書」と言いますが、『日本古典籍書誌学辞典』によれば、冒頭に「本云」と底本を明示している意であるから「本奥書」と称すべきとされています（528頁）。もっとも「本云」は校合した別の一本にあったことを示す場合もあり、また書写奥書をさらに写した場合にその書写奥書も元奥書と呼んでよいのかやや疑問もあるので、とりあえずは全部「奥書」としておいてよいでしょう（写したものであることを示したければ、それらは「原奥書」とでもしておけばよいかと思います）。

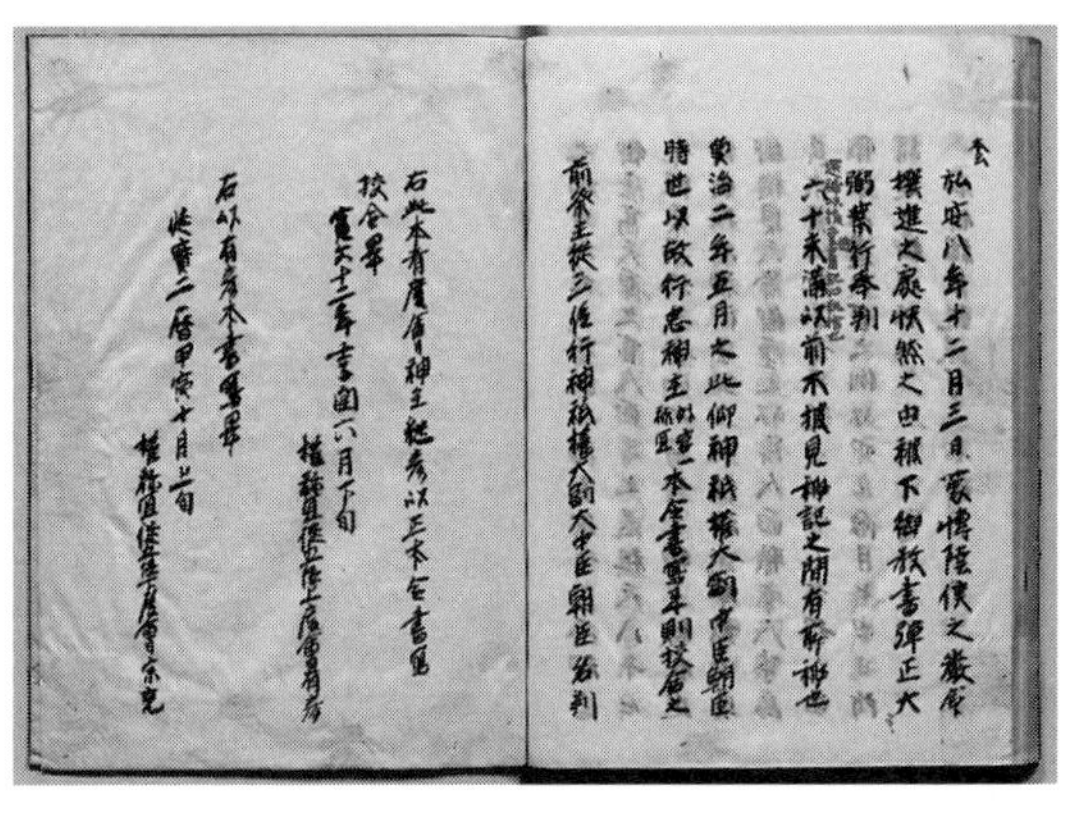

▶図7－1　写本の奥書。一番右の冒頭に「本云」とあるのがオリジナルの奥書。次の貞治2(1363)年の奥書の署名の下には「判」とあり、原本では花押があったことがわかる。この貞治2年写本を寛文12(1672)年に書写したものを延宝2(1674)年にさらに書写したもの。『伊勢二所太神宮神名秘書』国立公文書館所蔵。

写しである場合の証拠としては、もともと印が捺されていたり花押があったりしたところが「印」とか「判」とかの文字になっていれば、確実に写しと言えます。逆に印や花押があればそのときのオリジナルの奥書である可能性は高いですが、花押はそっくり真似て書くことなどもありますから、決定的ではありません。行を飛ばすなどの明らかな書き間違いや誤字がある場合も、写しと見て間違いないでしょう。

また、別の本でまったく同じ文章があった場合、手もとの本が祖本であることも無くはないとは言え、やはり写しである可能性が高いと言えますので、そうした意味で、奥書はできるだけ転記しておくことが世のため人のためになるとは言えます（長文だったりいくつもあったりするとたいへんですが）。

奥書の哀歓

奥書の内容は、写本の著述・書写・校訂・伝来等の諸事情を伝える貴重なもので、ごくごく簡潔なものも多いですが、詳細に経緯を記したりいろいろ考証を載せたりしてくれているケースも少なくありません。ありがちな文面としては「この本は貴重な秘本であるから家宝として子孫のみに伝え、決して他人に見せてはならない」などといったものがあります（いま、他人に見られてしまっているわけですが）。

書写奥書では「底本には何だかよくわからないところが多いがとりあえずそのまま写した。後人の訂正を俟（ま）つ」とか「時間がなく急いで書き写したので魯魚亥豕（ろぎょがいし）といった文字の誤りがあるかと思う。お察しください」とか言った文面が多いです。なかには「年をとって目はかすみ手はふるえ甚だ読みにくいと思うが何とぞおゆるしを」といった哀れっぽいものも目にします。

また、「これは数十年前自分が若いとき写したもので、当時を懐かしく思い出す」とか「底本を貸してくれた先輩は先年亡くなられた。うたた感慨に堪えない」とか、生身の人間の思いが感じられる文面も時々目にしますし、あるいは「異国船渡来で世の中何かと騒がしいが」云々とあって、リアルタイムの雰囲気が伝わってくるようなものもあります。こうした奥書や識語の文章を読んでいくと、百年以上前の昔の人たちの息づかいが急に生き生きと身近に感じられてくるようです。

鈔刻事項

写本か刊本か、その他印刷方法についての規定を、漢籍では鈔刻（しょうこく）事項ということがあります。和漢古書では、出版地・出版者・出版年あるいは書写地・書写者・書写年どれも不明という事態はけっして珍しくはないですが、その場合でも鈔刻事項は何らか記録することができますので、伝統的な目録記述にあたってはむしろこれを必須項目とすることが多いです。ＮＣＲ２０１８では、「制作手段」というエレメントが設けられており、記録するとしたら、この #2.22の規定によることになると思われます。

もっとも、和漢古書は多くの場合木版印刷の書物であることが多いですから、和漢古書のコレクションであることが最初からわかるようになっていれば、写本や活字本などの「木版以外」の場合についてのみ記録するようにする、というやり方もふつうに考えられます。

逆に、現代書として整理する場合、木版というのは現代書全体から見るとかなり特殊な印刷形態

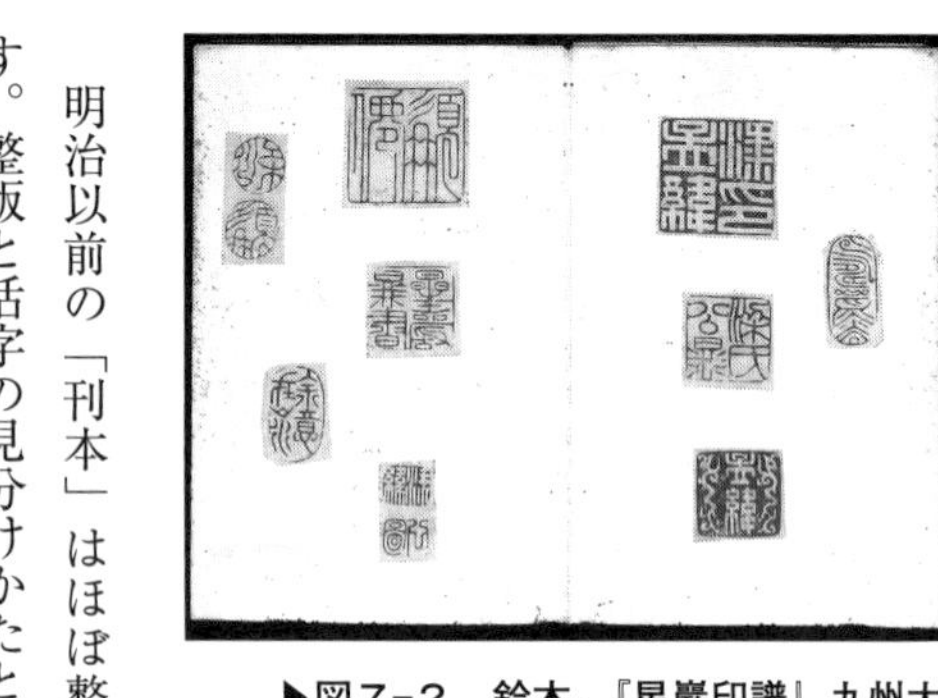

▶図7-2　鈐本。『星巖印譜』九州大学附属図書館所蔵。

ということになりますので、そのことは記録しておいたほうがよいでしょう。細かい文字を印刷するのに適した方法として明治期に流行した銅版や、比較的安価な印刷方法として民國初期にも多く刷られた石印などについても同様のことが言えます。

「刊本」両義

「刊本」は狭い意味と広い意味とがあり、狭い意味では版木を使って印刷されたもの、すなわち整版の書物の事だけを指しますが、広い意味では「刊行されたもの」全般を指します。活字本も石版本（石印本）も謄写版印本（「謄写版」は印刷方法の種類であって edition ではありません）も、広い意味では刊本となりますが、古典籍の世界では「刊本」はやはり狭いほうの意味で使われることが多いです。打字印本（タイプライター印本）や鈐本（ハンコを押捺したものを本にしたもの）などは、広い意味のほうでも「刊本」にはならないものと思われます。

明治以前の「刊本」はほぼ整版ですが、木活字で印刷されたものは時々手にすることがあります。整版と活字の見分けかたとしては、一般的に木活字印本は、(1)一字ごとに濃淡が異なっていることが多い、(2)縦の字の並びが一直線でなく多少ぐらついている、(3)組版式なので枠（匡郭）の四隅がずれていることがある、といった特徴があると言われます。文字が横向きだったり、上下ひっくり返っていたりすれば、これはもう決定的ですね。最初のうちは気づきにくいかもしれませんが、慣れてくればかなり見分けがつくようになってきます。

ただ、覆刻の場合、そういうところまで忠実に再現している場合もあったりします。また、江戸初期の仮名活字（ちなみに複数字分の連続活字もあったりします）のものなどは、さすがにだいぶ手ごわいですが、と言って、そもそもそうした貴重本を手にすることは実際にはほとんどないでしょう。

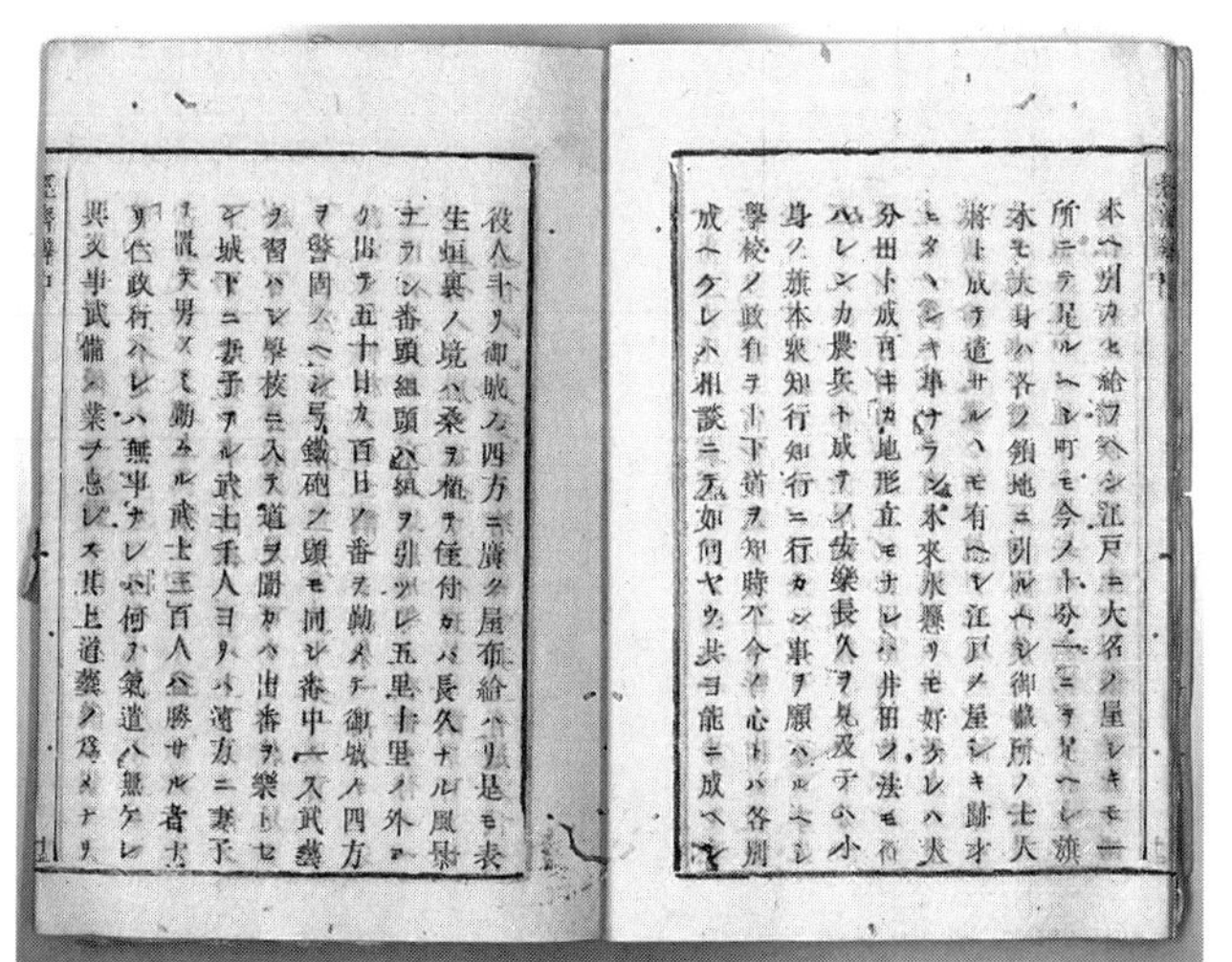

▶図７−３　近世木活字印本。印字の濃淡・字の並びのぐらつき・匡郭の四隅のずれなどの特徴が見られる。『經濟辨』。

第8章　装丁と丁数・大きさ

第1章で、「和装」の説明で、「紙を二つ折り（袋とじ）にし、それを糸で綴じたものを言うが、ただし実際にはいろいろなヴァリエーションがある」と書きました。本章では装丁等について書きますが、ただしこの問題も、迂闊に足を踏み入れるとなかなかたいへんなことになりますので、慎重に説明したいと思います。

「大和綴じ」はどっち?

「和装本」というと、ふつうには紙を山折りにして重ね、折り目の反対がわを糸で綴じた「袋綴じ」が一般的ですが、和装本の一種として説明されるもので、「大和綴じ（やまととじ）」というものがあります。一般的には、袋綴じのものと同じく背は無く、表紙の上から2箇所にリボンや紐を通して表面で結んで綴じたもののことで、明治から戦前の写真帖などでよくあります。紙自体は必ずしも袋状になっているとはかぎらず、洋紙を重ねたものを綴じているものもよく目にします。

この綴じ方、刊行物においては基本的には明治期以降になってから使われるようになったもの

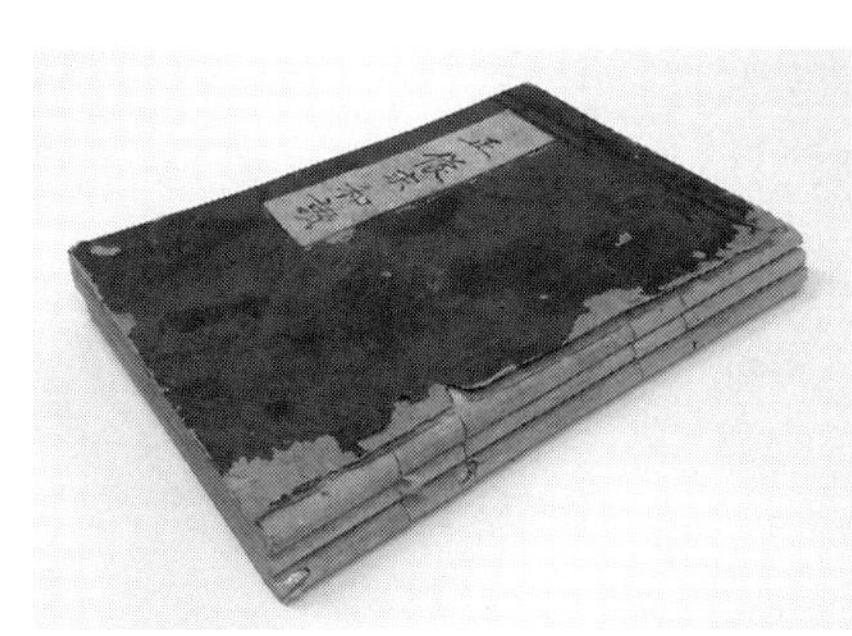
▶図８−１　列帖装。この本は３帖を列ねて綴じている。『正像末和讃』。

で、江戸時代以前の刊本では実例は少ないのですが、その一方、「大和綴じ」という呼称自体は存在していました。どういう装丁に対して用いた呼称かというと、ちょうど今日の大学ノートのように、紙を数枚重ねて折りそれを一くくりとして、数くくりの折り目を糸で綴じあわせた、ふつう「列帖装」と呼ばれる綴じ方のことだったようです。なお「列帖装」とは、紙を折り重ねた「帖」を列ねたもの、ということで「列帖」と言うのだと思われますが、実際は、一くくり分だけの場合もあります（「列葉装」という言い方もあるのはそのためかと思います）。

この「列帖装」、和歌や国文関係の書物に多く用いられますが、もともと平安時代の冊子本の装丁として一般的だったものと考えられます。江戸時代、和刻本漢籍や準漢籍で標準だった、紙を袋状にして糸で綴じた「線装」を、中国由来の綴じ方ということで「唐綴じ」と呼び、それと対比させてこの綴じ方を「大和綴じ」と称したということのようです（用例としては室町後期まで遡ります）。

ということで、同時代的な意識を尊重すれば、この装丁のことをこそ「大和綴じ」と言うべし、ということにはなるのですが、しかしながら現実には上述のような明治期以降の写真帖の装丁のことを指すのがある程度定着しています。それに「大和綴じ」というといかにも日本オリジナルのもののようですが、もっと時代を遡ると唐代中国の敦煌写本の遺物などにこの「列帖装」のものもあるということで、その意味でも「大和綴じ」の使用は避けて「列帖装」にしておいたほうがよいようです。

いずれにしろ、江戸以前のものについて「大和綴じ」というタームを使うと混乱を招きますので、現在ふつうに言うところの「大和綴じ」に類した江戸以前のもの（実例は多くありませんが）については、「結び綴じ」という言葉を使っておくのが無難かと思われます。

レッチョウ？　デッチョウ？　テッチョウ？

この「列帖装（れつじょうそう）」ですが、「れっちょうそう」とも読み、「粘葉装（でっちょうそう）」が訛（なま）ったもの、という説明がなされていることもあります。

「粘葉装」とは何かというと、これは糸綴じではなく、糊付けによって紙をつけ合わせた装丁です。具体的には、袋綴じとは逆に紙を谷折りにし、折り目の外がわの「のど」のところに糊をつけて貼り合わせていくもので、日本では糊を広めにつけるので、平らに開き切るところと貼り合わせたところが交互に現れる感じになります（中国ではごく細く糊をつけるのであまりそうはなりません）。また日本の紙のほうが堅牢なので日本では両面に印刷・書写されることが多いですが、中国では表（おもて）面のみ用いることが多く、結果として印刷面と白紙面が交互に現れることになります。

▶図8-2　粘葉装。のどで貼り合わせた丁は糊しろの分だけ開ききらない。『即身成佛義』。

「列帖装」と「粘葉装」は上述のとおりかなり異なった綴じ方なのですが、開いたときの見た目の感じが、蝶が羽を開いたようだというところから、ともに「胡蝶装（こちょうそう）」と呼ばれることがあります。歴史的には「胡蝶装」はあくまで「粘葉装」の別称と見たほうが正しいようですが、「列帖装」のことだとする説も江戸時代からあり、そうなると「胡蝶装」は両者の総称という説明がされたこともあります。あるいは、「粘葉装」は和本の場合について用い、唐本については「胡蝶装」と呼ぶように使い分けるのがよい、といった論もあります。

　さて上記の「列帖装（大和綴じ）」についてなのですが、「列帖」というと「紙を重ねたもの（帖）を列ねたもの」というだけで、糸綴じか糊付けかを示すものではない――だからこそ「訛ったもの」という説明も成り立つのでしょうが――ということから、「粘葉装」と区別する意図で、「綴葉装（てつようそう）」という語が昭和に入ってから造られました。

　このターム、「てっちょうそう」とも読み、紙葉を糊付けする装丁（粘葉装）に対して、紙葉を糸で綴りあわせる装丁ということなのだからまことに正確な命名だ……と言っていたりもするのですが、でも何も「れっちょうそう」「でっちょうそう」とこんなにも響きが近い名前をわざわざ新しくつけなくてもいいのに！　と思うわけです。

ちなみに、長澤氏などは「綴」を「テツ」と読むのは通俗読みで、ほんらいの音は「テイ」である、したがって「ていようそう」と称するべし、と言われています。書いているわたしも何だか眩暈(めまい)がしてくるようです。恐るべし。

眩暈ついでにもう一つあげておくと、「鐵杖閉(てつじょうとじ)」という用語が古い文献に見え、これは「粘葉装」のことだと言う人もいれば、「綴葉装の古称」という解説もあります。実際はよくわかりませんが、藤森馨氏の『図書学入門』（成文堂、１２９頁）によれば、この場合「鐵杖」は千枚通しの錐のようなもののことで、「鐵杖閉」は重ねた紙に穴を開けて紐を通して結んだ「結び綴じ」、すなわち前述の今の大和綴じのような装丁を指す、という見解が有力になってきているようです。

第4章で、「「一つのタームがいろいろな意味を持つ」ということと、「同じ意味を表すのにいろいろな表記がある」ということとが錯綜して絡み合っているのが和漢古書の世界であり、そこがやはり現代書と違ったむつかしさの要因の一つになっていると言える」と書きましたが、しかし和本の装丁のこの用語の錯綜ぶりについては、さすがにちょっと手ごわすぎる、と言わざるをえないように思います……。

その他の冊子

●仮綴(かりとじ)………袋綴じの場合も、ひもでかがる前に揃えた紙に二ヶ所穴をあけ紙縒(こより)で下綴じをするのですが、その状態で完成としているものです。表紙がない場合も多いですが、本文と同じ紙質の表紙をつけていることもあります。「紙縒（こより）綴（と）じ」という言い方もありますが、これは古文書などで重ねた紙の右肩に穴をあけて紙縒で結んだものを指して用いたほうがよいかもしれません（漢語では「紙釘装（していそう）」という言い方があります）。

●包背装（ほうはいそう）……袋綴じや仮綴じしたものを一枚の表紙でくるみ、背の部分を糊付けにしたもの。厳密に言うと、綴じ方の種類ではなく表紙のつけ方を言うものであり、「くるみ表紙」あるいは「車双紙（くるまぞうし）」と言った呼称もあります。もともと中国の宋・元・明代、日本でも鎌倉・室町時代に行われた由緒正しい装丁で、それらの現存するものに触れることはまずありません。一方で、江戸時代以降で、仮綴じのものに背をつけて糊付けしたようなものも多く、これはこれでやはり「包背装」と言うほかなさそう

▶図8-3　仏教経典の折本。責任表示に「奉詔譯」（67頁）とある。『大般若波羅蜜多經巻第五百七十八』。

です。

また、糸や糊でのどを綴じたものではありませんが、以下のような形態のものも時々目にします。

●折本……お経や書道手本などに多い、つなぎ合わせた紙を蛇腹式に折りたたんで表紙をつけたもの。折り目のところで分解してしまっていることがしばしばあります。漢語では「帖装本」と称します。これのやや特殊な形態のものとして「經摺装」というものもありますが、これは実際に目にすることはほとんどないでしょう。

●旋風葉……折本の表紙と裏表紙とをつなげた（一枚の紙になっている場合もあります）もので、本を開くと本紙がひらひらとひるがえるので、この名があると言います。表紙・裏表紙――要するに背がわ――を持って持ちあげると、ばさばさっと紙が垂れ下がる感じになりますが、これを防ぐためかどうか、背の部分を糊付けした「固定式旋風葉」と呼ばれるものもあります。

●折帖……できあがったかたちとしては「折本」または「旋風葉」に似ているのですが造りが違い、両端の裏に糊付けした紙を裏がわどうしで貼り合わせ、表紙・裏表紙をつけたものです。地図とか絵の場合、袋綴じだとその真ん中で折られてしまいますが、このかたちであれば見開きで見ることができます。ヴァリエーションはいくつかありますが、画帖仕立とか法帖仕立とか言われるものは基本的にこの装丁です。

以上のような、糸でにしろ糊でにしろ「綴じたもの」（折本と旋風葉はふつう含みません）は、「巻物」に対して「冊子」と総称されます。

もちろん、歴史的経緯としては、巻物→折本→旋風葉→粘葉装→線装といった順番で「進化」してきたところではあり、通常その順序で解説されるものであるのですが、実際に整理する段になると混配されているものでもありますし、ここではあえてそうした順番にはこだわらずに書いてみました。

▶図８−４　紙の裏どうしを貼り合わせて冊子に仕立てたもの（『日本外史古戰場槩圖』）。折帖の作りで背を表紙で覆ったものを画帖装というともされるが、画帖と称されるものがみなこの装丁であるわけではなく、また絵画や図版でなくてもこの装丁のものもある。

巻物を手に

「冊子」と対照される「巻物」ですが、「巻子本」とも言い、「つなぎ合わせた紙を軸を中心に巻きつけたもの」と定義されますが、軸が無いものもあります。表紙をつけたものも多いですが、巻物の場合は「褾紙」という書きかたもあります。取り扱いは甚だ不便ですが、書物の最も古い形態として、冊子本より格の高いものとして扱われてきました。

取り扱いはふつうの本のようにはいきませんが、データ作成については、じつはあまり苦労しません。というのは、経験から言えば、図書館等で手にする巻物の90％以上が、20世紀以降に作られた複製資料だからです。ですので、書誌については、既存のデータを参照できる場合が大半なのです。

もちろん、現代書であっても、たしかに巻物ならでははたいへんさはあります。奥付が付属資料のほうにあったり、巻物を入れた箱の内がわに貼られていたりすれば楽なのですが、やはりしばしば巻物のいちばん最後にあります。結果としてそこに情報があろうがなかろうが、とにかくいったんは巻物を最後まで繰って巻末を見なければなりませんし、見終わったあとはまた元に戻さなければなりません。ひたすら巻物をくるくるくるくるしていると、それだけで時間がどんどん過ぎていきます。図書の歴史の本で読んだ、巻子本から冊子への移行ということの必然性を、強く強く実感せざるをえません。

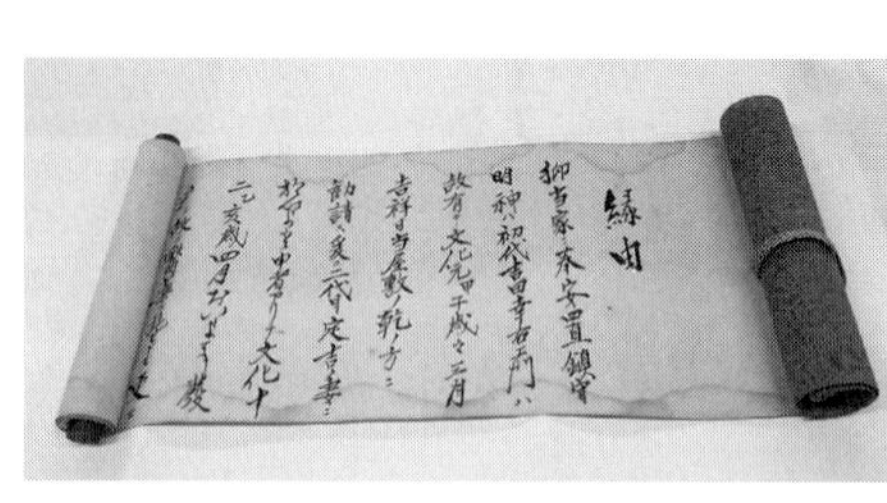

▶図8-5　巻子本。『吉田定七家鎮守明神之縁由』。

もっとも、洋の東西を問わず、最初の「本」は巻物のかたちで成立したわけで、書誌を記録するなどという蛇足は措いておいて、内容を読むということで言えば、巻物のほうが切れ目なくつづけて読み進めていけるのですから、生理的にずっと自然です。そのことをまさに示しているのが、ＰＣの画面の右端にあるスクロールバーで、スクロール（Scroll）すなわち「巻物」です。別のページに移らずにスクローリングしながら切れ目なく読み進めていく感覚、これは巻物を手にした大昔の読者と共通しているはずなのです。

それを持っていなかったがために冊子に取って代わられた、「どこからでもアクセスできる」「どの部分も検索できる」という機能を与えられて、「巻物」がＰＣの画面のなかに再びよみがえってきているのです。

表紙よいずこ

和漢古書の整理の現場では、そもそも狭義の「本」ではない、平面の紙１枚になっている絵図やら地図やらが出てくることもしばしばあります。

平面の紙１枚のこれらのものは、そのままの呼び方ですが「一枚物（いちまいもの）」と称します。中には、広げると非常に大きいものになることもあり、そうした場合しばしば折りたたんだ状態で保存するようになっています。すなわち、現代書の地図などでもよくありますが、最初から折りたたんだ大きさの表紙・裏表紙をつけて造本されているものがあり、これらを「畳物（たたみもの）」と称します。

和漢古書では、一枚物は「枚」で数えるのに対し、畳物は「舗（ほ）」で数え（ＮＣＲ２０１８では#2.17.0.2A）、対照事項として広げた大きさを記録した後に、折りたたんだ状態での大きさを括弧に入れて付記します。ちなみに、冊子は「冊」、折本と旋風葉は「帖」、巻物は「軸」で数えます（なお、現代書では、一枚物も畳物も「枚」、巻物は「巻」で数えますので、注意が必要です）。

一枚物や畳物の場合、書名の情報源としては、本紙に題字欄がある場合は、それが第一優先となります。畳物の場合は、表紙や題簽にきちんとした書名があることもしばしばありますし、合巻のところ（38頁）で触れた「袋」に入っていることもわりとあります。出版事項については、ちゃんとした刊記がある場合もありますが、図の欄外に小さな字で記されていることも多いです。

ただ、書写資料の場合は、情報がそもそも乏しいことが多く、目録作成にもいささか難渋します。端書や奥書があれば、その文中から書誌情報を拾うことができる場合もありますが、本紙の表には何も書誌情報が無く、紙の右上の裏にあたる端裏（はしうら）に記された後人の仮題からタイトルを採用するしかない、といったことも多いかと思います。

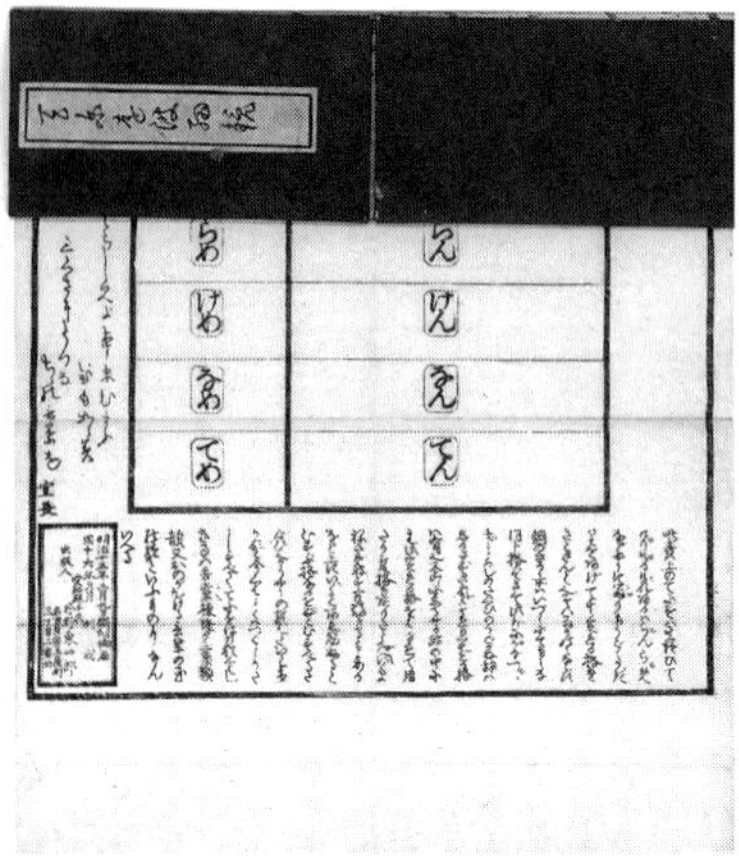

▶図8-6　畳物。『天尓遠波飛母鏡』。

さて、この「一枚もの」と「畳もの」ですが、表紙や袋が残っている場合は「畳もの」ということで問題ありませんが、表紙が取れてしまっていると、折り目がついているからと言って、さてどちらとすればよいのか判断しかねることがよくあります。現状たたまれているとしても、それはたんに保存していた人の都合で折りたたんだだけで、もともとは折りたたまないはずで造られていたのかもしれません。逆に刊記の配置などからして、明らかに折りたたんだ状態を前提としているようであっても、表紙をつけた形跡はどうも最初からなかったりするものもあります。

このあたりの判断は何ともむつかしいところではありますが、折り目がついているイコール畳物ということではない、という前提のもと、個別に適宜判断していくしかないようです。

整理の現場では、こうしたもの以外にも、掛軸や歌留多（かるた）といった「物品」に出くわすこともありますが、こうしたものはやはり「博物資料」として、図書とは区別して整理したほうがよいでしょう。

和漢古書の丁数

現代書ではページ数を数えるのに、多くの場合「p」（片面印刷では「枚」）で数えますが、和漢古書の場合は「頁」で数えるのはごく少数派で、たいていは「丁」で数えることになります。「丁」は基本的に、袋綴じにした紙1枚について数える単位で、和装本ではたいてい版心（柱）もしくは「のど」に記載されています。もっとも、明治期のものには袋綴じの表・裏にそれぞれ番号が振られている、すなわち丁付けでなくページ付けがされているものもそれなりの割合で出てきます。それらはもちろん、「p（頁）」で数えることになります。

仮綴じや粘葉装の場合も、紙1枚を折って用いているという点では袋綴じと変わりませんので、やはり丁付けがされていることが多いです。ただ、列帖装の本は、ほかの綴じのように折った紙を順番に重ねていくのではなく、何枚重ねで一くくりとして綴じるかで丁合（ちょうあい）が変わってくるという装丁ですので、後から書き入れたりしたのでないかぎり、丁付けはされていないのがふつうです。

丁付けがされていない単冊のものは、「1冊」とのみ記録するか、丁数を数えて補記することになります。なお、数える場合、写本では文字の書かれている部分を「墨付（すみつき）○丁」と記録する慣習がありますが、NCRにはとくにこのあたりの規定はないようです。

前述のように、折本は「1帖」、巻子本は「1軸」と記録します。ただし折本では、折り目ごとに丁付けが入っている場合もありますので、その場合は丁数を記録するか、「1帖（○丁）」という具合に記録することになるかと思います。

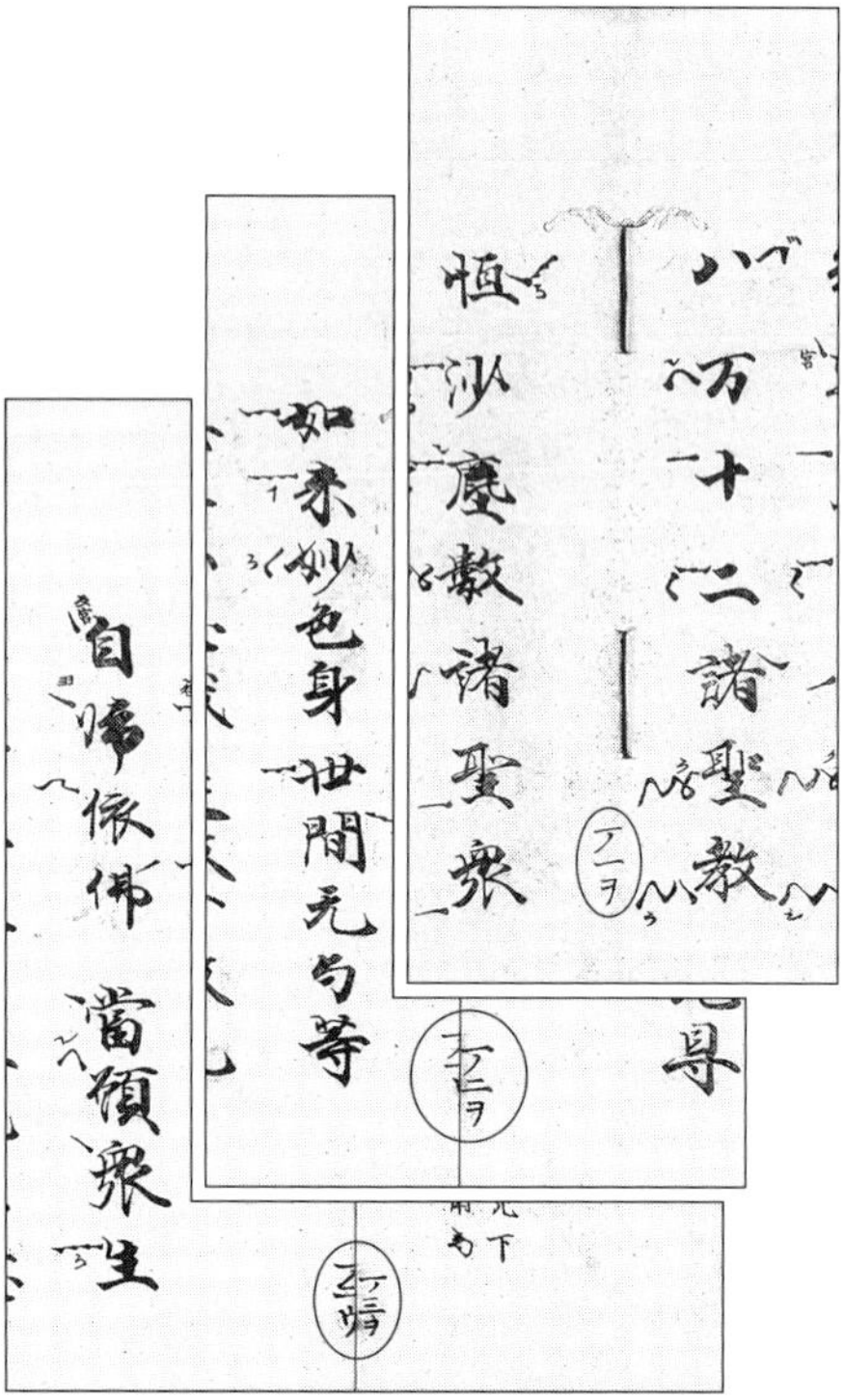

1冊もので丁付けがある場合は、「ページ数」の項目に丁数を入れるのがやはりふつうでしょうし、複数冊のものでも各冊の丁付けを注記しておく、という仕様で目録作成することもあ

▼図8-7　列帖装の刊本では、のどに紙を重ねる順番が記されているものがある。丁付けとしては記録できない。『浄土三昧法』。

るかもしれません。ただ、長澤氏は「一冊本のページを記入することも、明治時代出版の新書のように、各序、各跋、目録、中には中の篇が改まるたびごとに別丁になつていると、手間ばかりかかる。誤りも出る。つまらぬことである」（「現代図書館に関する諸問題」『長澤規矩也著作集 第4巻』、汲古書院、所収）と一刀両断されており、同様の状況の和漢古書の丁付けを細かく記録することが、通常の目録作成において、労力に比してどれだけ意味があるか、という問題はあります。

もちろん、専門的な研究の場合は対象資料について詳細に記録されますし、整理対象がごく少量しかない場合は細かく注記してもよいでしょうが、ある程度以上の量がある場合は、どこまで労力・経費をかけるかの判断、ということになるでしょう。もともと和漢古書は、物理的に1タイトル複数冊のものが多いということもありますので、1冊ものも含めて、丁付けの有無にかかわらず、冊数のみを記録する、というやり方もじゅうぶんありうるかと思います。

ただ最近では画像撮影ということもあり、コマ数＝表紙・裏表紙を含めた丁数を事前に把握しておくことは意味があるかもしれません（もっとも、付箋等があった場合、そのままの状態とめくった状態と2枚撮影するといったこともあるでしょうから、厳密な数字は事前には出しにくいでしょうが）。その場合でも必要なのは丁数であって、丁付けの細かいありようまで記録しなければならないということには直結しません。

インチキ発見！

実際問題として、和漢古書の場合、この「丁付けのありよう」というのは、現代書に比べて複雑であることがままあり、丁が抜けている落丁や順番がおかしくなっている乱丁はもとより、後印や改版の際に、追加をしたり一部削除したり並べ替えをしたりといったことがしばしば行われます。

とくに、現代書ではあまりお目にかからず和漢古書に特徴的なものとして、「又丁（ゆうちょう）」「飛び丁（とちょう）」というものがあります。前者は「一丁、二丁、又二丁、三丁……」のようになっているもので、丁付けを間違えたのでとりあえず間に合わせで処理したか、あるいは後から追加の丁を挿入したので、その後の丁付けを動かす手間を省いたといったことだろうと思われます。似たようなケースで「一丁、二丁上、二丁下、三丁……」といったような具合にしたものもあります。なお、まったく同じ内容の丁がダブっているケースも時々ありますが、これは「重丁（じゅうちょう）」「衍丁（えんちょう）」と呼び、要は綴じ間違いですので、「又丁」とはあくまで別ものです。

「又丁」のほうでは、実際の丁数は丁付けの数字より多くなるわけですか、「飛び丁」はその逆です。こちらは「一丁、二丁、三丁、四之十丁、十一丁、十二丁」のようになっているもので（「之」の用法については58頁参照）、この例では、12丁かと思いきや実際は6丁になるように、実際の丁数は丁付けの数字より少なくなります。

この「飛び丁」は落丁とは区別しなければなりませんが、なぜこんなことをしているか、もちろん後印・改版の際の帳尻あわせということも多いですが、ページ数の多い大部の書物と見せかけるために最初からそのようにしていることが結構あります。辞書類や『節用集』といったジャンルの本に多いですし、元禄頃に京都の八文字屋という書肆から刊行された浮世草子の類（井原西鶴のものが代表的ですね）では、お約束のように「十之廿」と飛んでいたりします。

丁数は工賃や販価、あるいは貸本の際の見料の計算根拠にもなっていた場合もあるようで、だからこそこうした水増し行為が見られるのだと想像できます。一方、「のど」の丁付けは作業上の必要から附しているものなので、版心の丁付けと比べ、こうしたインチキはまず見られません。

こうした複雑な状況をどう表現するか、通常のレベルの書誌記述としては、正直あまり手を取られずに、「又丁あり」とか「飛び丁あり」とか注記するにとどめるのでよいでしょう。

大きさの計測

大きさの記録については、基本的に現代書と同じで、原則としてタテの外形の大きさを記録します。ただ、タテヨコの長さが同じもの（枡形本）や、ヨコの長さがタテよりも長いもの（横長本）は、タテ×ヨコを記録します。タテの長さがヨコの長さの2倍より長いもの（縦長本）も、ＮＣＲではそのように記録することになっています（#2.18.0.2.1A）。

もちろん、和漢古書はそれ自体貴重本ではありますので、形態にかかわらず、タテ×ヨコを「常にセンチメートルの単位で、小数点以下1桁まで端数を切り上げて記録する」（#2.18.0.2.1A 冊子　任意追加）としてもよいかとは思います。

ただ、大きさについて長澤氏は、「現行目録法では、図書の高さをセンチで記載することになっているが、古書は、改装すればもちろん高さが違うが、同時に装訂されたものでも、機械を使ったものではないから、高さは必ずしも同一ではない。これをいちいちものさしで計るなどということもむだである。古来の俗称をそのまま使えばよい」（『新編和漢古書目録法』汲古書院、88頁）と、これまた断じています。実際、江戸時代以前の本の場合、まったくこの通りの状況ですし、紙自体きれいに真四角に裁断されているともかぎらず、多少ゆがんでいる場合も多いです。ということで、ミリメートルまで記録するのは、後で触れる内匡郭についてであればともかく、外形については、細かくこだわっても、実のところあまり意味はないのではないかと思います。

タテが大本より長いものは特大本と称されます。目にすることはそんなにないでしょうが、図録などの本では時々お目にかかります。ちなみに、後でとりあげる朝鮮本はふつうの図書でも比較的大型のものが多いです。

（横長本でない）タテが10センチメートル以下の特小本については、「巾箱本」「袖珍本」といった呼び方もあります。センチメートルで記録する場合、これは小数点以下1桁まで記録する仕様になるでしょう。日本では時々趣味的な「豆本」として製作されたものを目にします。中国では科挙の際のカンニング用に作られたものがあるそうですが、わたしはまだ実際に触れたことはありません。

折本などはふつうの冊子と同様に記録すればよいですが、巻物（巻子本）の場合はまた別になります。ふつうは、中心の軸のタテを測った「軸高（じくこう）」ではなく、本紙のタテのみを記録しますが、巻かれた紙を全部広げた状態でヨコの長さも計測するべし、という意見もあります（#2.18.02.2.1E参照）。何メートル何十メートルにもおよぶ巻物の場合、そうしなければならないかと思うと、あまり想像したくないような……。

大半中小

長澤氏が書いていた「古来の俗称」ですが、江戸時代の紙というのは、現代のA判・B判のように厳密なものではありませんが、大きさに何通りか判型がありました。基本的に美濃判（みのばん）と半紙（はんし）というふたつの規格（紙型）があり、美濃判を二つ折りしたもの（タテ27センチメートル前後）を使った本を大本（おおほん）、半紙を二つ折りしたもの（タテ23センチメートル前後）を使った本を半紙本と言い、大本の半分のサイズのものを中本（ちゅうぼん）、半紙本の半分のサイズのものを小本（こほん）と言います。

横長本も基本的には、大本あるいは半紙本を二つ切（ふたぎり）・三つ切（みぎり）・四つ切（よぎり）に裁断した紙を使っています。この場合、「大本二つ切」は中本を、「半紙本二つ切」は小本を横向きにしたサイズと同じということになります。

ある程度の量を扱っていると実感できる和本の大きな特徴は、ジャンルによって図書のカタチ（形式・見た目・雰囲気）がだいたい決まっている、ということです。逆に言えば、経験を積んでいくと、大きさ・紙型を見れば、どのようなジャンルの本か、ある程度見当をつけることができるよう

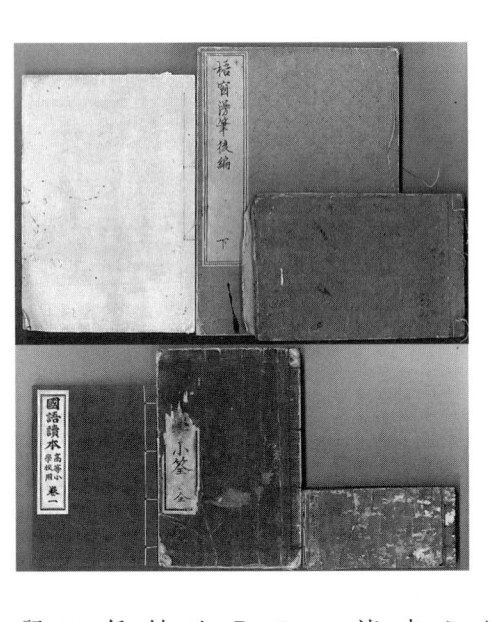

▼図8-8　さまざまな書型。上段左より半紙本・大本・大本二つ切り、下段左より小本・中本・中本三つ切り。大本二つ切りと中本は大きさとしては同じである。小本は現代の文庫本とほぼ同じ大きさ。中本のタテは新書とほぼ同じ長さ。

になってきます。大本は学術書や古典であることが多く、謡曲本や読本は半紙本が、人情本や滑稽本、草双紙類は中本であることが主流でした。

こうした大本・半紙本・中本・小本の書物のサイズのことを「書型」と言い、NCR87R3では、別法（2.5.3.2別法（古））としてセンチメートルの代わりに「半」などと「書型に対応させた用語等」で記録することを、また任意規定（2.5.3.2C任意規定（古））として、センチメートルでの記録の後に括弧に入れて付記することを認めていました。NCR2018では、独立したエレメントとしています（#2.25）。

ただ、中国の紙のサイズは日本とは違い、日本の場合よりも長辺が短辺に対してより長く裁断されていることが多いですので、和本の「書型」をそのまま適用することは必ずしも適切ではありません。わたしが学生時代にかかわったある漢籍の冊子目録では、大きさについてはセンチメートルを記録せず、「和本」「唐本」「洋本」それぞれについて、大中小の大きさの区分を設定し、「和大」「唐中」「洋小」などとのみ記録するようにしていましたが、これはこれで一見識かと思います。

第9章　保管容器と形態注記

この章では、まず和装本の置き方と保管容器について見ていき、ついで、ここまでの各章で触れてきた以外の注記事項について見ておきたいと思います。NCR2018では、だいたい #2.42の「キャリアに関する注記」に該当するところになります。

横置きVS縦置き

和装本というものはほんらい横にして置かれるべきものであり、だからこそ「小口書（こぐちがき）」というものが施されていることがふつうでした。現実問題として、洋装本のような「背」の無い糸綴じ本を直立させて縦置きするのは、なかなかむつかしいものがあります。

もっとも、中国と日本とでは多少状況が違っていまして、中国の古書すなわち唐本では、表紙も本文と同じ軟らかい紙（竹の繊維を原料とした「竹紙（ちくし）」が一般的）であることが多く、立てることはまず不可能です。

これに対し、和本の場合は、和紙自体中国のものよりしっかりしていますし、ちゃんとした本だと、表紙・裏表紙は本文と異なった堅牢な紙を用いている場合が少なくありません。そうした場合、表紙の内がわには反古（ほご）紙などを貼りあわせて芯紙としたりしていることも多く、あまり薄い本だとむつかしいものの、縦置きしてみると案外ちゃんと立ったりします。

ちなみに、伝統中国の文人が図書を手に持つ場合、わたしたちが今日の薄手の雑誌でやるように、くるくるっと筒状にして握って持ち運ぶというのがふつうだったそうですが、固い表紙のある和本ではまず無理な話ですね。

しかしまあそうは言っても、そうした表紙のない和本も多いですし、やはり平積みにして置くのが「正しい」置き方です。本にあわせて、1冊ないし数冊を各段に収納するような「専用棚」を自分で作ったりできれば、実のところいちばんよいのですが、といってなかなかスペースや時間・経費を確保するのも現実的にはむつかしいでしょう。既製品の書棚に何タイトルずつかを積み重ねて置いておくというのが、横置きされている図書館でもふつうでしょうし、それでじゅうぶんと言えます。

もっとも、このやり方では一つ問題が生じます。何かと言うと、積み重ねたいちばん上の本の表紙にどうしても書庫内の埃が積もってしまうことです。よくセットものの和装本で、第一冊目の表紙だけが汚く黒ずんでしまっているものを目にしますが、これはセット単位で平積みされていたことの名残りというわけですね。

このことを防ぐには、本自体を何らかの容器に入れておくか、あるいは積み重ねた本の上に半紙か何かを一枚載せておくという対処法が、単純ながら効果的です。

帙の利点

右の通り和装本はほんらい横置きすべきなのですが、ただ、横置きだとどうしても縦置きの場合よりはスペースを食ってしまいますので、限りあるスペースを有効に使うことを考えると、やはりどうにかして縦置きしたいところです。そこで和装本の場合に効果を発揮する容器が「帙（ちつ）」です（ふつうのIMEに初期登録されていないのでよく誤入力されますが、「秩」ではありません）。

長澤氏の『図書学辞典』（三省堂）には「古書を保護する目的で、数冊をまとめてくるむもの。古くは袠と書いた。今日の帙は、ボール紙を心（しん）として、まず紙を張り、普通は、外面に紺色の綿布を張る」（23頁）と簡にして要を得た説明があり、ネットで「帙」と検索すれば、まさにこうした画像を見ることができます。色はもちろん紺とは限りませんし、一冊だけ収めるものを作る場合もふつうにありま

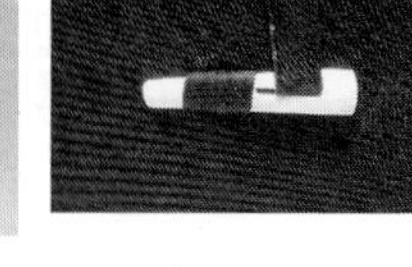

▶図9–1　帙（無双帙）。和本（上）のこはぜに比べ、唐本（下）のものは穴に遊びがある。

す。

形状的には、縦置きした場合の側面をすっぽり覆う「無双帙（むそうちつ）」が標準ですが、上等なものとして立てた時の天地をも覆う「四方帙（しほうちつ）」というものもあります。いずれにしろ帙は、本それぞれの大きさや冊数分の厚みにしたがって作るオーダーメイドのものですので、やはり専門の業者さんに頼むのが一般的です。

帙の利点は縦置きして置けるので省スペースになるというだけでなく、ただ平積みして置いている場合のように埃を直接かぶることもありませんし、帙に収めれば図書本体に触れることなく持ち運んだりできるので、純粋に保存の点からも推奨されます。

また、横置きだと、書名を示すのに小口に1冊ずつ書入れをしたり、下げ札を挟んだりする必要があるのに対し、帙に収納しておけば、帙の背や表紙に題簽を貼って書名を書くことができます。こうしておけば、書架上において洋装本とほとんど同様に扱うことができます。

図書館の蔵書の場合、バーコードやＩＣラベル、あるいは請求記号ラベル（背ラベル）を貼付することが多いと思いますが、帙があればここでも大いに有効です。つねに帙単位で出納するという前提のもと、こうしたラベルの類は帙のほうに貼付すればよいわけです（バーコードなどは、布張りされていない帙裏のほうが貼りやすいです）。

和漢古書の場合、専用の用紙や糊を用いるのでないかぎり、資料本体にそうした装備をするのはやはり避けるべきでしょう。残念ながら時々目にしますが、江戸時代の本にキーパーつきのラベルが直接貼られたりしているのを見ると悲しい気分になりますし、そもそも見返しや奥付の情報上にラベルや貸出期限票がべったり貼られていたりすると、目録を作成するのにも困ります（裏から透かせば見えたりはするのですが）。

背ラベルやバーコードを短冊に貼付してそれを1冊ごとに挟むという方法もありますが、脱落しやすいですし、また硬い紙製の短冊だと挟んだところから傷みやすいといった欠点もあります。何より見た目どうもウルサい感じになり、帙にまとめて貼っておいた場合とは、美観にだいぶ差が生じます。

紙帙と夾板

帙は一点ものでオーダーメイドなので基本的に外注になると書きましたが、経費的にむつかしいこともあるかもしれません。そうした場合、布を貼った帙の代わりに中性紙の厚紙で簡易なものを作るという方法もあります。こうした紙帙（かみちつ）は、もちろん業者さんも、布帙（ぬのちつ）の場合よりはだいぶ安く見積もりしてくれますし、自分で作製してみることも可能でしょう。

紙帙は構造的には布帙と変わらず、見た目はさすがに「本格派」感を欠くものの、機能としても特段劣るものではありません。ただ、合わせ目をとめるのに、ふつう布帙の場合は「こはぜ」と呼ばれる爪形の留め具を使用しますが、紙帙では大型の古い封筒のように「はとめ」をつけて玉ひもを巻きつけてとめたり、マジックテープでとめたりしていることが多いようです。

「こはぜ」にしろ、ほかの留め具にしろ、そこがちぎれたり脱落したりすることはよくありますし、他の容器を傷つけたりすることもありますので、紙帙の場合は、裏表紙がわの面の中央にタテに切れ込みを入れ、裏表紙がわまで伸ばした合わせ面をそこに嵌まるように山型に切って挿し込む、というやり方もあります。こうすると、箱の場合と同じように、よけいな突起がないので、帙どうしがあたってもそこから傷むことはありません。

帙は図書の側面を全面的に覆うものですが、表紙と裏表紙の面だけに覆いをつけ、覆いどうしを紐で結ぶというやり方もあります。これは古くからある方法で、2枚の木製の板で図書をはさみ、板の端に穴をあけて紐をとおして結んだものを、日本では板帙（いたちつ）、中国では夾板（きょうばん）と呼びます。

夾板入りの図書は中国南方で出版された図書に多く見られ、高温多湿の気候の地では、湿気がこもらないので、むしろ帙よりも保存に適しているとされます。また、帙が本の厚みまで含めてオーダーメイドなのに対し、夾板の場合は、紐の長さを調節すれば厚みは自由に対応できるというメリットがあります。ただ、紐が古くなるとちぎれやすくなりますし、また背がないのは、帙のように書名を記したりできないので、保存容器としてはやはり欠点があるかもしれません。

何と言うべきか名は定まっていない——帙の一種ということにはなりますが——ようですが、通常の帙の材質で作成した三つ折り状の覆いで表紙・背・裏表紙を覆うようにし、覆いの背の反対がわは板帙のように紐をつけて結ぶというやり方もあります。湿気がこもらずに、かつ背題簽に書名を記すこともできるということで、実はこれがいちばんスグレモノなのかも、という気もしている今日この頃です。

箱入り〇〇

帙や夾板は、基本的に多巻物など数冊をまとめて保存するのに用いますが、もちろん1冊用に帙を作る場合もあります。ある程度の厚みのある本であればとくにふつうと変わりないですが、薄い本だと、裏表紙がわの面の裏に厚紙を貼るなどして「上げ底」にするくふうをします。

薄い本の場合は、帙ではなく、二つ折りの厚紙に入れておくという方法もあります。ふつうにはこれを「たとう」（漢字では「套」と書きます）と言い、二つ折りなので背はありませんが、留め具はついている場合もあります。裏表紙がわを重ねた三つ折りの厚紙を使用する場合もあり、こちらは「サック」などと称していることもあるようです。

もっとも、これらの包みでは単独で縦置きするのはむつかしいこともありますので、薄くて小型の資料では、立てることのできる二つ折りした厚い板紙の内がわに封筒を糊づけし、その封筒の上部を切って資料を入れておく、といったようなかたちで保存するやり方などもあります。

和装本の場合、帙に入れられているのが最も標準的な保存状態だと思いますので、「帙入」と注記するかどうかについては、必須ではありませんが、帙以外の夾板やたとう、箱などに入れられている場合は、「夾板入」「たとう入」「箱入」などと注記したほうがよいでしょう。

その箱ですが、巻物（巻子本）などは基本的に帙に入れるわけにはいきませんので、容器に収納するとなると、「箱」に入れることになります。「はこ」を示す漢字は、「箱」以外にも「函」「盒」「匣」「筐」「筥」などがあり、ほんらいみなすこし異なった形態のものを指しますが、あまり厳密にこだわらずに「箱入」としてよいでしょう。特別な材質だったり漆塗りの箱だったりした場合は、「杉箱入」「漆箱入」などと記述したほうがよいかもしれません。

　箱は当然横置きに置かれることになりますが、巻物のほかにも、列帖装（大和綴じ）の本など、代々伝承されてきたような「格式の高い」本が収められていることが多いです。箱の蓋の表や裏がわなどに、書名や伝来の経緯などが記されていることも多く、それらの箱書（はこがき）は、目録記述の有力な情報源になることもあります。

　そうそうお目にかかりはしませんが、何十冊にもなるセットものが大型の箱に収納されている場合もあります。たいていの場合、平積みした本を重ねて入れるようにした縦長の構造で、中が２～３段に仕切られており、前部の上下にみぞが入れられて、上から嵌（は）める前蓋を嵌め外しすることができるようになっています。このような箱のことを「けんどん箱」と言い、漢字では「倹飩箱」とか「慳貪箱」とか書きます。

　「けんどん」とは「レール状の構造に嵌めこむ方式」を言い、昔のお蕎麦屋さんの出前の「岡持ち」などが「けんどん箱」の代表的な例になります（ちなみに「突慳貪（つっけんどん）」というのはこれが語源かと思いましたが、辞書的にはそういうわけでもないようです）。こうしたものは、ふつうの「箱入」ではなく「慳貪箱入」などと注記したほうがよいでしょう。

もちろん、こんな大層な容器を今さら作製することはなく、はだかの資料を何らかの容器に入れておこうとなったら、中性紙の厚紙で紙帙や紙箱を作るのがいちばんてっとりばやいですし、前述のように保存の目的もじゅうぶん達します。洋装本のブックケースのようなものは、本体を出し入れする際にどうしても傷みやすいですし、ふつうの材質だと中に硬いものが収められていないと内がわにたわみますので、和装本を縦置きする際に使用するのはあまり適当ではないです。1冊ずつ封筒に入れたりするのも、多巻物の多い和漢古書では出納に不便ですので、あまりお奨めはできません。

NCRの現状と疑問

和漢古書の注記事項は、NCR87R3では、現代書とは別立てでまとめられていました。もちろん、これはこれで見やすいのですが、であるならばなぜ、書名から形態にいたるまでの事項でもそのように別立てにしなかったのか、ちょっと不思議でした。洋書のAACRでは、初期刊本についてそのように全体を別立てにしていたのに、現状のNCRのように混在しているのは、やはりどうしたって見やすくはありません。

また、この2.7.4（古）の注記事項自体で見ると、FRBRで言うところの「アイテム」レベルに対応する注記と「体現形」レベルに対応する注記とが混在していた、ということが言えます。和漢古書は基本的にアイテムレベルで書誌を作成するのだから、ということかもしれませんが、洋古書についての『稀覯書の書誌記述』（一橋大学社会科学古典資料センター）に書かれているように、「記述対象のコピーの重要であると考えられる特異性、もしくは不完全さ」についての注記は、「ある版のうちのすべてのコピーについて当てはまる情報を記録した別の注記とを注意深く区別する」（55頁）必要があるということは、和古書・漢籍でも、当然同じはずでしょう。

また、和漢古書の整理にあたっては、もともと、現物の状況を専用のデータシートに頭から記録していく方法が広く使われているのですが、そのデータシートでの記載方法が部分的に反映されている結果、ＮＣＲの規定全体とやや整合性がとれていない部分があるように思いますし、ほかにもいくつか疑問な点はあります。すくなくとも、現行のＮＣＲの注記の順番は、後述のように、必ずしも適切とは言えないように思います。

カラフル古書

タイトル・責任表示・書誌的来歴・出版事項に関する注記については、それぞれの事項について見てきた際に触れていますので、ここではくりかえしません。2.7.4.5（古）の形態に関する注記の ア）からオ）についても、現代書と変わりません。ただ、イ）について、カラーかどうかの情報はできるだけ入れておきたいところです。

木版本の場合、中の図版が多色刷りであればそれは重要な特徴ですので、必ず「多色刷り」と注記したほうがよいです。ただ、表紙や見返しのみがカラーのものについては基本的に注記不要でし

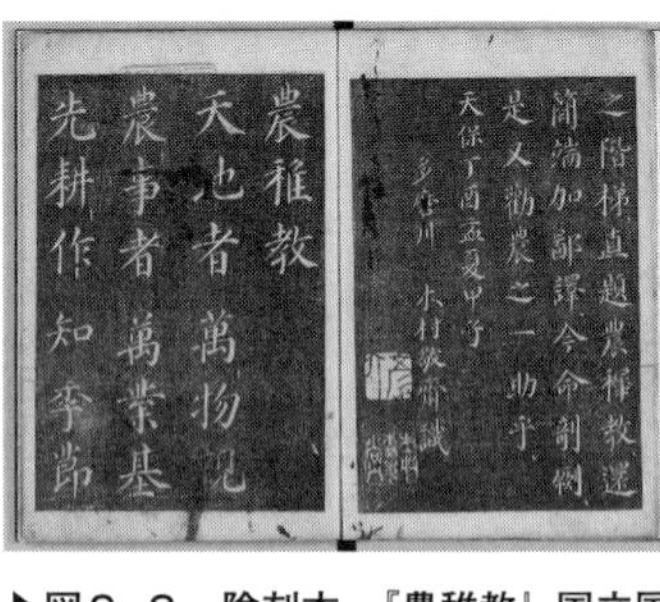

▶図9-2　陰刻本。『農稚教』国立国会図書館所蔵。

ょう。黒のほか一色しか使われていなければ「二色刷り」となります。薄墨の場合は色刷りとは言いにくいように思いますが、見解はわかれるかもしれません。

きちんと見分けなければならないのは、判別がむつかしいこともあるのですが、色刷りではなく筆による彩色でないかどうかです。後者の場合や、写本で着彩がある場合には、「筆彩あり」とか「彩色図版」とか注記することになります。

漢籍では多色刷りの本のことを「套印本」と言い、図版だけに限らず、後人の注釈が別々の色で印字されているようなものもあります。こういったものも「〇色套印本」と称し、清朝後期の広東省の刊本（粤刊本）にその例が多く見られます。すべて黒以外で印字されている朱印本・藍印本といったものもあります。

また、書道手本などで白黒（陰陽）が反転しているもの、すなわち版木の文字のまわりを彫るのではなく、文字のほうを彫り込んだものがよくありますが、これについては「陰刻本」という呼称があります。見た目は同じようですが、石碑等を摺りとった「拓本」とは別ものですので、注意が必要です。

こういったことについては、NCR87R3では言及されていませんでしたが、「出版・頒布等に関する注記」のコ)「製作、印刷等について」の位置に該当するでしょう。

▶図9-3　袋（書袋）。見返し・扉と同じ版面であることが多い。天（上）より地（下）のほうをすこし広めに作ってあるものだという。

どんな色？　どんな模様？

ＮＣＲ２０１８では#2.42.0.3.2にまとめられていますが、ＮＣＲ87Ｒ３の形態注記のカ）の装丁については、前に説明した「袋綴じ以外のもの」について記録します。袋綴じ（線装）は和漢古書では一般的ですので、基本的に注記する必要はありません。「袋綴じの様式」も、いろいろありはするのですが、通常のレベルの目録記述においては、一般的に「とくに説明する必要がある」ことでもないような気がします。

容器についても、これも前述のように、「帙入」と記録する・しないは、それぞれの館やコレクションによるかと思いますが、帙以外のものについては注記しておいたほうがよいでしょう。オリジナルの「袋（書袋）」は、現在において保存容器として使われつづけていることは少なく、見返しなどに折りたたまれて挟んであったりするのがふつうです。

キ）はあとで見るとして、ク）の「料紙、表紙」についてですが、研究者が編んだ目録等では、楮紙・斐紙などと材料による紙の種類を記録しているものもあります。しかし通常のレベルの目録記述では、そのあたりまでがんばって記録することはありません（なおNCR2018では「#2.19基底材」というエレメントはありますが、これは基本的に図書以外のものについての規定でしょう）。

NCR87R3の例であげられている「色変り料紙」などというのは嵯峨本（さがぼん）といった貴重資料でお目にかかるようなかなりレアなケースですし、3.7.3.5のキ）の「料紙は継紙」というものも、これは巻子本など特殊な形態の資料の注記ですね。

表紙についても、詳細な記述をしている冊子目録等では、「雷文地鳳凰文空押濃紺表紙」「縹色布目型押牡丹唐草艶出表紙」などといった具合に書いていたりしますが、これでどういう表紙かピンとくるのは、かなり経験・修練を積んだ方でしょう。

いずれにしろ、どの名前がどのような色を示すのか、また模様についても用語や書き順がどこまで統一されているか、といった問題はあり、もちろん色見本や参考書はありはするのですが、一般には、カラーのデジタル画像を1枚つけたほうが、文言で表現するより、はるかに情報として伝わりやすいです。

なお、NCR87R3の2.7.4.1（古）「タイトルに関する注記」のエ）に「題簽・外題について必要があるときは転記し、その位置や様式等についても記録する。」とありますが（NCR2018では#2.41.1.2.5）、「位置や様式等」までタイトルに関する注記として記録するのは、やはりすこし無理があるように思います。「題簽左肩双辺黄紙」といった表紙上の位置や様式等を記録するのであれば、意味合いからすれば、このあたりの位置で記録するのがほんらい適当ではないでしょうか。

版式の記録

ＮＣＲ87Ｒ３の2.7.4.5（古）「形態に関する注記」の「キ）版式、版面」には、「匡郭、界線、行数、字数、版心について、説明する必要があるときは注記する。」とあります（ＮＣＲ２０１８では#2.42.0.3.2）。あまり見慣れない用語が並んでいますが、順番に見ていきましょう。

まずおさえておきたいのは「版面」という文字のとおり、これらは基本的に、写本ではなく、刊本（版本）においてのみ使われる用語だということです。このタームは現代のＤＴＰの世界では「はんづら」とも読むようですが、和漢古書の世界ではふつう「はんめん」と称します。もともとは「版木の表面」のことなのでしょうが、一般には印刷された紙の印刷エリアのことを指し、その様式・形式のことを「版式」と言います。

「匡郭」は本文を取り囲む四周の枠のことを言い、現代書ではそうした枠はないのがふつうですが、和漢古書の刊本ではむしろ無枠のもののほうが少数派です。この枠は二重線である場合と一本線である場合とがあり、前者を「双辺」、後者を「単辺」と称します。基本的に、すべて双辺あるいは単辺である場合と、上下が単辺で左右が双辺である場合との計三つのパターンがあり、それぞれ「四周双辺」「四周単辺」「左右双辺」と称します。上下が二重で左右が一重というのは非常に稀にしかありませんが、「上下双辺」とか「天地双辺」とか呼びます。

「界線」は行と行との間の罫線のことを指す用語で、罫線が印刷されているものを「有界」、印刷されていないものを「無界」と言います。

「行数」は1ページ（すなわち半丁）あたりの行数のことで、「字数」は1行あたりの字数のことを指します。ですので正式には「毎半葉12行毎行20字」のように書きますが、ふつうは匡郭・界線につづけて簡潔に「左右双辺有界12行20字」のように本文の版式を記録します。行数・字数はふつう一定ですが、多少増減がある場合は「19-21字」とか「不定字」とかいう具合に書きます。

おさかなと象さん

「版心」は前述のとおり（43頁）、もとの紙の中央に位置する「柱」のことですが、ここの印刷面も和漢古書独自の様式があります。まず最も特徴的なものとして、現代の原稿用紙にも残っていますが、中央部に一つもしくは二つ、「【」のようなデザイン（模様）が入っていることがよくあります。これを、形状が魚の尾びれに似ているということで「魚尾」と呼び、二つある場合を「双魚尾」、一つの場合を「単魚尾」、魚尾が無い場合を「無魚尾」として記録します。

魚尾はたいてい黒塗りに刷られていますが、白抜きになっている「白魚尾」や、黒塗りの中にいくつか花びらのような白抜きが施されている「花口魚尾」といったものもあります。また、双魚尾はたいていは向かい合わせに彫られていますが、上下とも下を向いているような場合もたまにあります。

魚尾で区切られた版心上部または下部のことを象尾と呼びます（もともとは版心の横線そのもののこと）。また、上下に区切られた中間部分を「中縫」と称しますが、広義では「中縫」は版心その

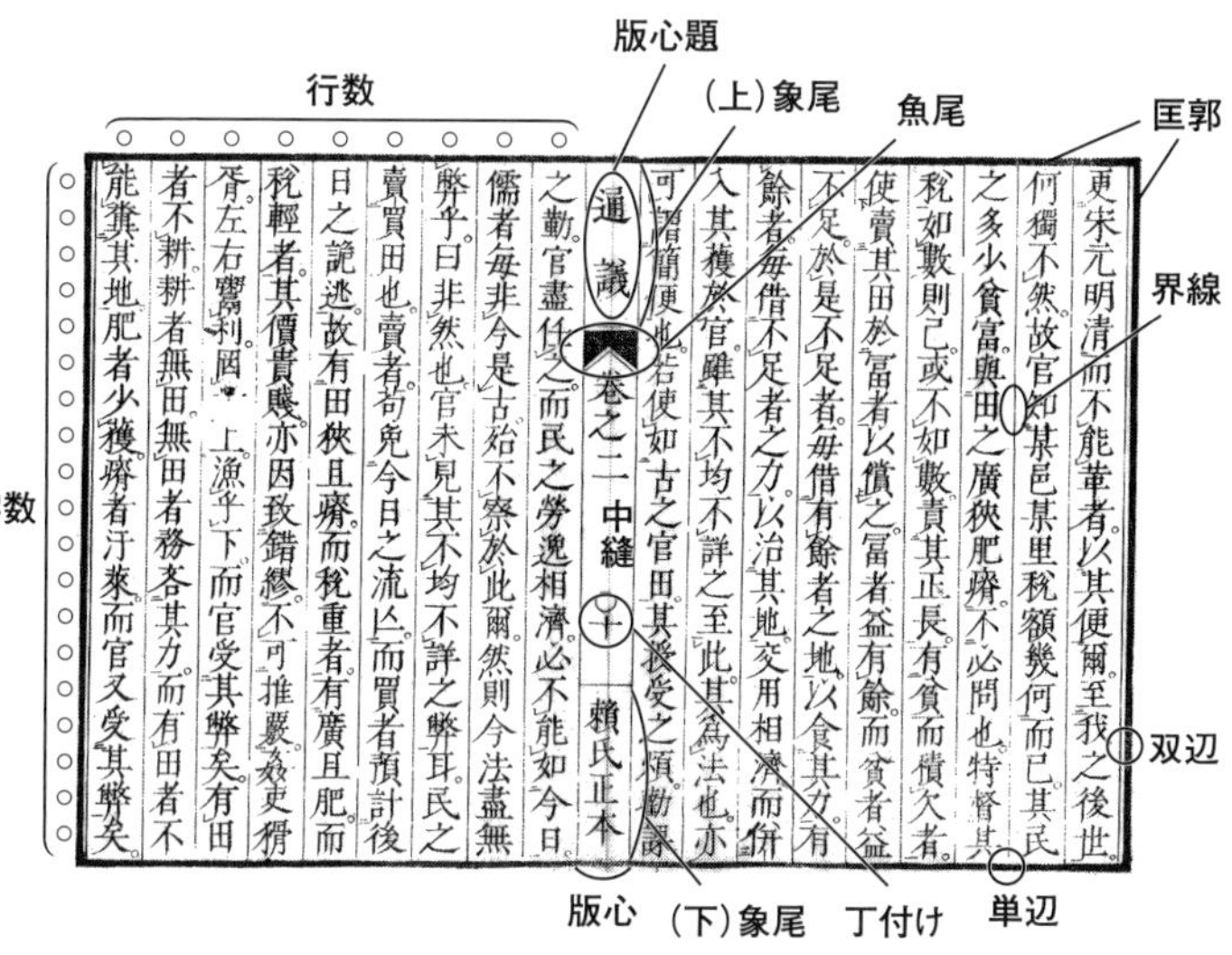

▶図9-4　版式（左右双辺有界9行19字、単魚尾）。

ものの別名です。

魚尾のほかに版心においてバラエティがあるポイントとして、上象尾すなわち版心上部が白く刷られているか黒く刷られているか、ということがあり、白いのを「白口（はっこう）」、黒いのを「黒口（こっこう）」と言います。後者はさらに全部が黒い「大黒口」、黒い部分が半分以下の幅の「小黒口」、線状の「線黒口」に分けられます（もっとも、基準は多少あいまいです）。

版心については、基本的には魚尾の数（「双魚尾」「単魚尾」「無魚尾」）を書けばよいですが、もちろんさらに詳細に上記のようなことを記録することもできます。

内匡郭の大きさ

ＮＣＲには書かれていませんが、版面

の記述でもう一つ、「内匡郭の大きさ」という事項があります。これは「匡郭の内がわ」のタテヨコを計測した大きさのことで、第8章（164頁）で見たように、図書の外形の大きさが和漢古書の場合厳密なものではないのに対し、同じ版木から刷った場合は、基本的に同じ大きさになりますので、こちらはミリ単位まで計測する意味があると言えます。ふつうは、本文巻頭の半丁（オモテ面）の匡郭の内がわ（左は版心まで）を測り、「内匡郭：16．6×12．2㎝」のように記録します。

「内匡郭の大きさ」は、刷りが重ねられるにつれ広がっていくものだと言いますので、詳細に記録しておくことが重要だと、専門書にはよく書かれています。もっとも、大沼晴暉氏『図書大概』（汲古書院）によれば、「版木は（略）冬場と夏場とで伸縮率も異り、まして墨をつけたり乾かしたり、また洗ったりするので初印と後印とで常に一定の大きさである訳ではない。また用紙自体も湿度により伸び縮みし（略）、紙を漉いた日の天候によっても左右される。（略）こうした個々の條件から同版本でも数ミリの違いは生れてくるのである」（174頁）ということであり、これだけを刷次や覆刻の決定的な証拠とするのは慎重であったほうがよいでしょうし、結局は現物あるいは画像どうしを見比べて、トータルから判断を下すしかないのだろうと思います。

版式の記録はもともと漢籍のほうでの習慣であり、和書のお堅い本でも記録するとしても、かな交じりのものは、活字本以外の場合は「字数」は省いてよいと思います。また和書では無辺無界・無魚尾というものも多く――漢籍でももちろんありはしますが――、そういうのを一々そのように記録するのもあまり意味がありません（こうしたものの場合、「内匡郭の大きさ」の代わりに「字高」を記録している目録もあります)。

また、写本の場合は原則として記録されないわけですが、枠が印刷された罫紙や無罫紙を使用している場合、その版式を記録しておくことはあってもよいかもしれません。もっともこの場合、重要なのはむしろ(あった場合ですが)柱に印字されている文字のほうであり、こちらは「柱に「○○堂」とある藍罫紙を使用」などと記録しておいたほうがよいでしょう。

版式の記録は、いかにも専門的なタームが並んでいますので、一見むつかしそうに見えますが、基本的にパターン化されますので、覚えてしまえば初心者でもあまり考えずに入力できます。逆に言えば、版式の記述が詳細な、いかにも立派な書誌のように見えても、責任表示や出版事項がいいかげんな内容のものも、残念ながら結構目にしますので、注意したいところです。

いずれにしろ、版面・版式については、文字で詳細に至るまで記述することにエネルギーを費やすよりも、画像をつけるほうがはるかに効果的でしょう(もちろん、画像があった上で正確な版式の記述があれば言うことなしですが)。

大亀に見える?

NCR87R3の2.7.4.5(古)の「キ)版式、版面」のところでは、「二段本」という注記の例があげられています。ここでの「二段本」というのは、本文がはっきりと上下二段に分かれ、別々の書名を持つものが収録されている本のことを指します。別々の内容といっても、関係するものだったり、上段のものが下段のものの注釈的なものだったりすることも多いですが、いちおう合集として記録し、「上下二段本」などと注記することもなります。

実のところ、たんに「二段本」と言うと、伝統的には、編ごとに別々に刊行されたものが編ごとの大きさが異なっていて、並べると段になるようなものを指すこともありますので、誤解を招かないよう「上下二段本」「上中下三段本」のように書いたほうがよいかと思います（とくに漢籍における科挙の受験参考書については「高頭講章本（こうとうこうしょうぼん）」という呼称があります）。

「上下二段本」と似たものとして、「首書本（しゅしょぼん）」というものがあります。これは、本文へのまとまった量の注釈が上層に附されているもので、はっきり枠で分けられている場合もあれば、そうでない場合もあります。また上部のみならず、原紙の両端がわ（のどに近い部分）も上から下まで注釈になっていることもよくあります。

首書本は、見返しや題簽の書名が「首書〜」となっていたり、「首書」を注釈者の責任表示とするのが適切な場合も多く、どちらかと言えば本文よりむしろ首書（かしらがき）のほうが重要なことが

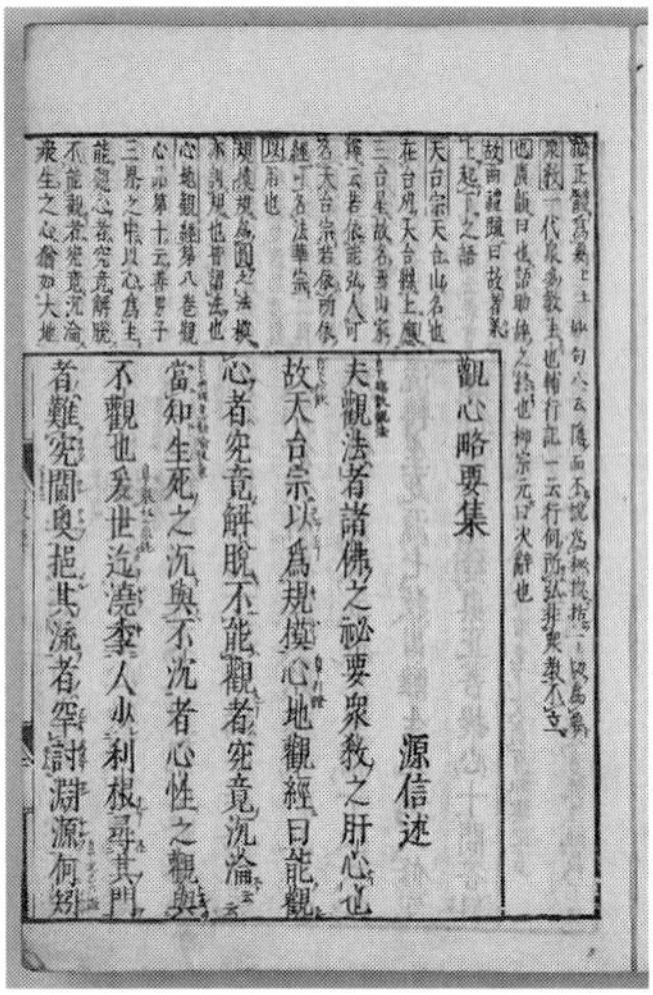

觀心略要集
源信述
夫觀法者諸佛之祕要衆教之肝心也
故天台宗以爲規摸心地觀經曰能觀
心者究竟解脱不能觀者究竟沈淪
當知生死之沈與不沈者心性之觀與
不觀也爰世迄澆季人少利根尋其門
者雖究閫奥挹其流者罕討淵源何

▼図9-5　首書本。『観心略要集』京都大学附属図書館所蔵。

ままあります。「頭書（とうしょ）」も同じく「かしらがき」と訓じ、同様の意味で使われることも多いですが、あえて区別して使用するとすれば、往来物や節用集などで、本文とはとりあえず関係ない附録的な内容が載せられているものなどについて、「頭書あり」と記録するのが適切かと思います。

漢籍ではこうした首書・頭書のあるものは「鼇頭本（ごうとうぼん）」とも称します。「鼇」とは「大海がめ」のことで、本文部分を亀の甲羅に、上層部分を突き出た頭に見立てて「鼇頭」と称するのだそうですが、何だか今一つピンと来ないような気も。「鼇」という字はこの用例でしかまずお目にかかりませんが、和漢古書ではこの「鼇頭」はよく目にしますので、何のことだか理解して間違わずに記述したいところです。

「首書」や「頭書」と境目ははっきりせず重なる部分がありますが、「頭注」がついているものも和漢古書では多く目にします。本文を囲む枠の上にあるもの・本文の枠の上にもう一段枠を設けてそこに注を施したもの・本文とあわせて枠の中にあるもの・枠自体ないものなど何種類かあり、違うタームで呼び分ける人もいますが、一律に「頭注あり」としてかまいません。書名で「冠注」「標注」「標記」などとあるものも同様のものです。後にふれる仏教書では「科註（かちゅう）」という特殊な注釈が刻されていることもよくあります。

「割注（わりちゅう）」は和漢古書では一般的なもので、版式のところで「〇行〇字注文双行」と書くやり方もありますが、基本的に「割注あり」などとわざわざ記録する必要はないと思います。「脚注」は和漢古書ではかなりレアですが、まったく無いわけではありません。

訓点の価値

注（註）は基本的に作者より後の人による二次的な関与ですが、同様に後人の二次的な関与として訓点、すなわち送り仮名・返り点の類が施されている場合もあります。

訓点の有無や種類が重要なのは、長澤氏が『和刻本漢籍分類目録』の凡例の冒頭で「和刻本漢籍の主要な價値は、訓點が加へられたところにある」（21頁）と喝破されているとおり、和刻本漢籍の場合ですが、日本で書かれた漢文の著作でも同様に注記したほうがよいでしょう。ちなみに、訓点が施されていないものを「白文（はくぶん）」と言います。

記録のしかたとしては、漢文に送り仮名・返り点・句読点とも付されているものを「訓点付」、返り点と句読点だけが付されているものは「返点句点付」、句読点（現代のような句点と読点の区別はありません）のみが付されているものは「句点付」などと注記します。訓点に加え、振り仮名もあるものは「訓点傍訓付」などとします。なお、「訓点」と言うとほんらいそれ自体として「送り仮名」をも含みますので、「訓点送り仮名」という表現はあまりよろしくありません。

中国で刊行されたものについては、句点や圏点（強調を示す傍点）が付されたものもありますが、基本的に記録する必要はありません。また、かな交じり文の和書の振り仮名などについてどこまで詳しく記録するか、江戸初期以前のものはともかく、一般的にはとくに不要ではないかと思います。

ＮＣＲ87Ｒ３では、注や訓点のことは2.7.4.7（古）に識語や書き入れと一緒に記されていました

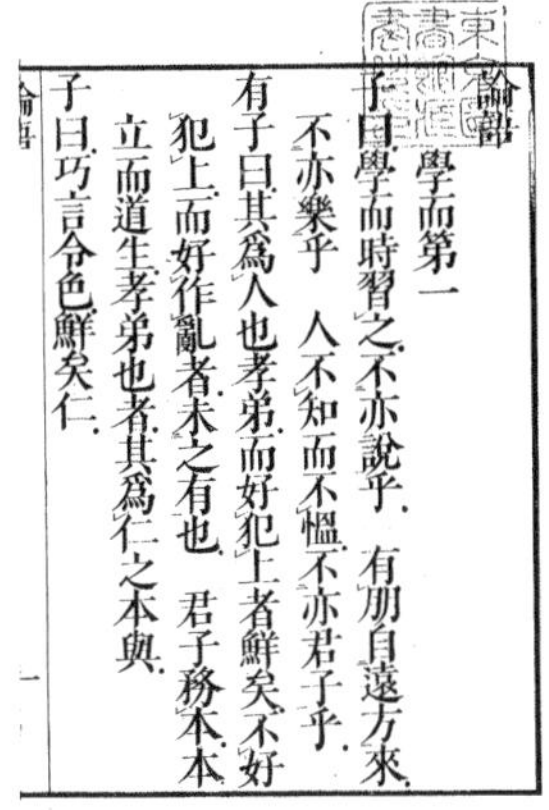
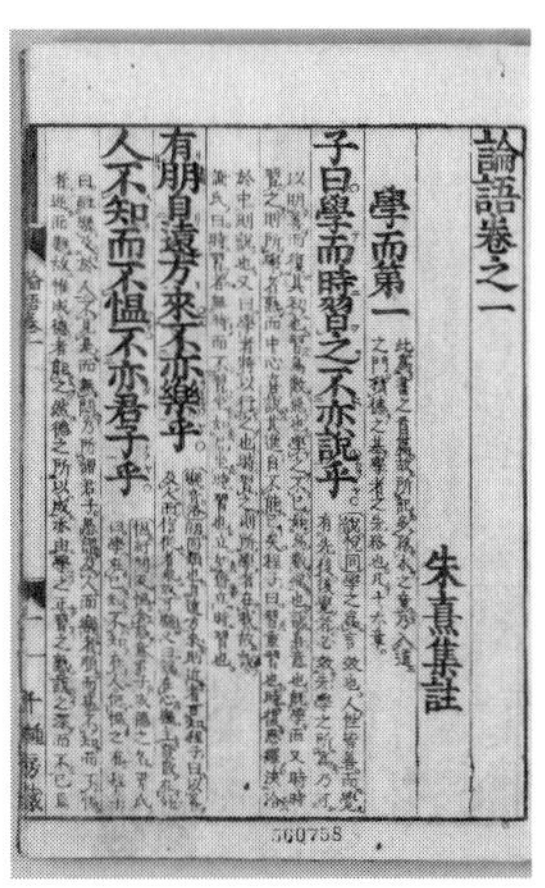
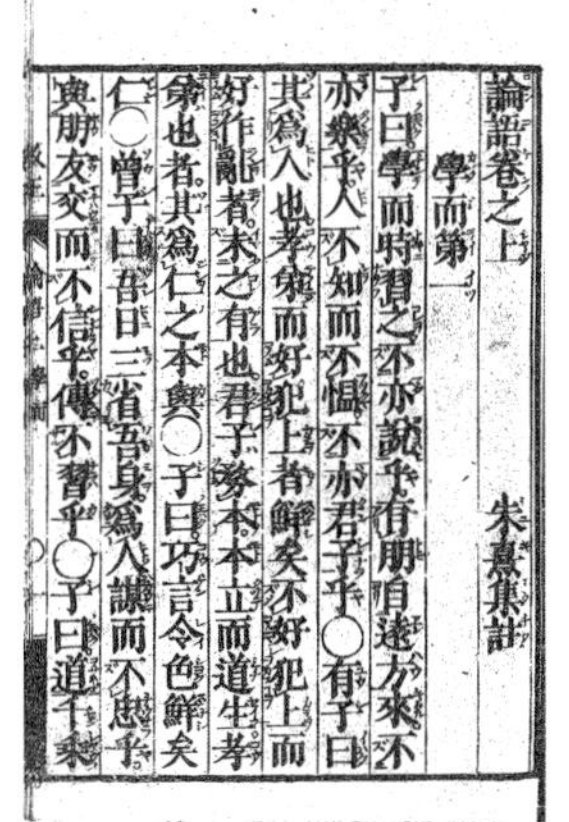
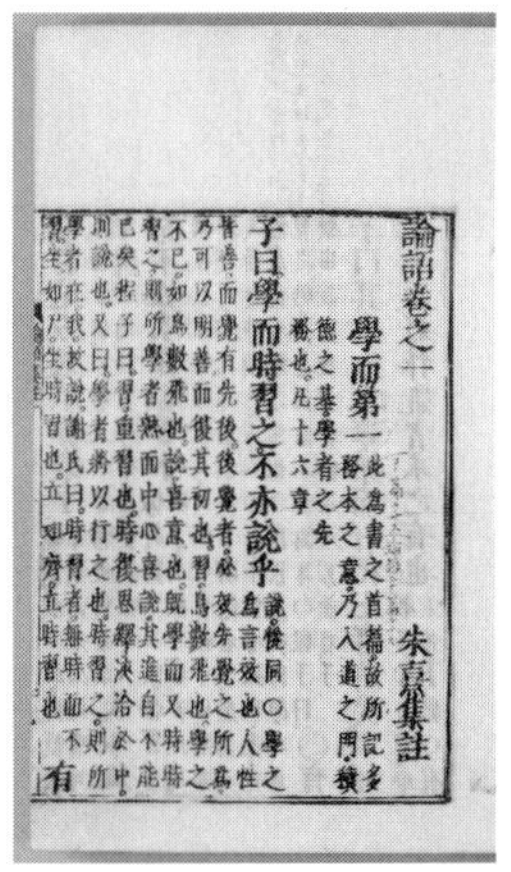

▶図９-６　和刻本『論語』諸本の訓点。右上：訓点付（四周単辺有界、双魚尾）。左上：返点句点付（四周単辺無界、無魚尾）。右下：句点付（四周双辺無界、単魚尾）。左下：訓点傍訓付（左右双辺有界、単魚尾）。すべて国立国会図書館所蔵。

が、識語や書き入れはアイテムレベルの注記になりますので、体現形レベルのこれらの事項は、やはりはっきり区別して、2.7.4.5（古）のク）の後に記録するのが適切でしょう。もちろん、所蔵者が書き入れたものであれば、それはアイテムレベルの注記ということにはなりますが、意味合いが全然違ってくることは言うまでもありません。

ＮＣＲ２０１８でも、やはり識語や書き入れと一緒に、#3.7.0.3.2の「個別資料のキャリアに関する注記」のところに書かれているままになっているのは、どうにも残念です。アイテムレベルの注記については、章を改めて見ることとします。

第10章　アイテムレベルの注記

この章では、アイテムレベルの注記について見ていきます。これらは現代書では、記録するとすれば登録番号や請求記号などと同じくローカル情報として記録され、書誌記述としては記録されません。しかし、基本的に「一点もの」として扱われる和漢古書においては、重要な情報として書誌中に記録されます。

蔵書印か否か

アイテムレベルの注記として、和漢古書において最も特徴的といえるのは、蔵書印についての注記でしょう。NCR2018では #3.1「所有・管理履歴」が該当します。蔵書印自体は、もちろん現代書でもしばしば捺されていますが、その情報を書誌中に記録することは現代書ではありません。

蔵書印は基本的にはその図書を持っていた旧蔵者が捺すもので、姓名や号、あるいは「字曰○○」（字(あざな)を○○という）などとあるのがいちばん直截なものと言えます。もちろん、「○○所藏」（「藏」はよく減筆して「臧」と刻されています）「○○之印」とかいったものがスタンダードですし、「○○清玩」とか「○○珍賞」とかいったものもよく見ます。鑑定をお願いされた著名人が「〜審定」「〜閲過」「〜過眼」といった印を鈐(けん)している場合も時々あります。

もっとも中には変な人もいて、明治初年の寺田望南(てらだぼうなん)という人は、他人から借りた本や書店が見本として置いていった本にまで自分の印を捺しまくるという行為をやらかしています。この人の「讀杜艸堂」という印記はたいへんよく見るのですが、そういう事情ですので、大蔵書家の蔵書があちこちに散逸しているというわけではありません。

ある蔵書家の蔵書を一括して受け入れた場合、寄贈したがわが寄贈印を、購入・受入したがわが受入印を捺している場合もあります。こうしたもので「○○文庫」「○○藏書」などという文言のものは、厳密に言うと蔵書印ではないのですが、通常の蔵書印と同様に扱ってよいでしょう（日付や番号が入れてあるものは、ふつうローカル情報として処理するかとは思いますが）。

巖松堂や達摩屋五一といった古書店が捺したものも同様に蔵書印として記録してよいですが、ただ、裏見返しの裏などに捺してある認印のようなものは、さすがにふつうは蔵書印とはしません。

また、小説の類だと貸本屋の印が捺されていることもよくあります。又貸しはするなとか唾をつけてめくるなとかいった注意書きの文章になっていたりすることもありますが、これらも蔵書印として記録するか、ちょっと微妙な場合もあります。ほんとうの蔵書印の記録とは別に、「貸本屋印8印あり」などといった具合に記録するのでもよいかもしれません。

蔵書印として記録しては絶対にいけないのは、版元が捺している蔵版印です。見返しや刊記に押されている蔵版印を蔵書印記として記録してしまっている書誌が時々ありますが、これはアイテムレベルで存在しているものではなく、体現形レベルで存在するものであるわけですから、「出版に関する注記」として記録しなければなりません。写本で、自筆の序跋や奥書の末尾などに捺されているものも蔵書印ということにはなりません。

篆書との格闘

蔵書印は朱印か黒印がふつうですが、藍色や緑色のものもあります。かたちは正方形のものが多いですが、長方形や円形のものもしばしば見られます。凝ったものでは、鼎（かなえ）型や瓢箪（ひょうたん）型のもの、知恵を象徴する象や、白澤（はくたく）という伝説上の生き物をかたどったものなどもあります。

また、蔵書印の印文は、ふつうは上述のとおり誰の所蔵かということを示すだけのものですが、時には古人の詩句を引用したり文章になっていたりする「詞句成語印」もあり、このあたりは教養の見せどころになっています。

書体は篆書体が一般的で、したがって和漢古書の目録作業にあたっては篆刻字典が欠かせません。時として、古代の青銅器に刻まれた書体である金文や甲骨文字を用いているような、手強すぎるケースもあります。そのほか、図案化した糸印（いといん）や役所の印判ふうの關防印（かんぼういん）というようなものもあります（後者は書画の引首印の意味でも使われますがほんらい別もの）。

書誌記述にあたっては、複数の印が捺されている場合、「捺された年代順に記録する」のが原則です。重なって捺されているときなどはわかりやすいですが、そうでなくても、本文巻頭の右下から右上に、前に捺されたものや文字を避けながら捺していくのが基本的なルールですので、もちろん例外は多々あるとは言え、そのように記録していけばほぼ間違いないでしょう。

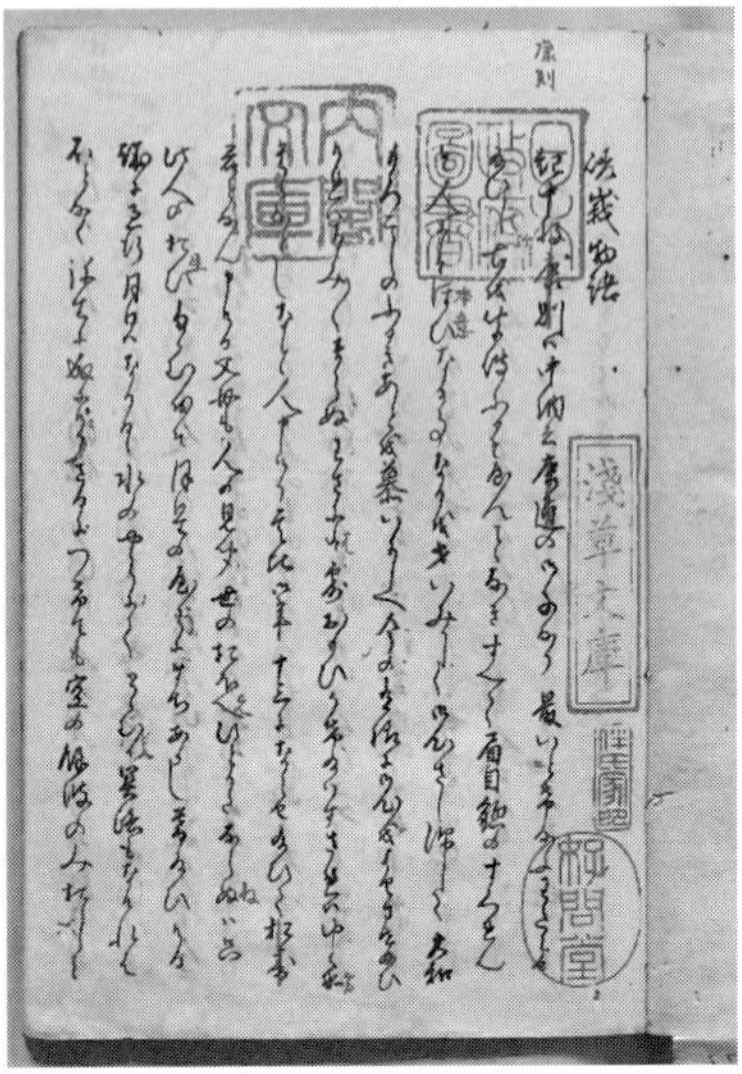

▼図10-1　印記の押捺順としては、巻頭下部から、好問堂（山崎美成、1796〜1856）→伴氏家印（伴直方、1790〜1842）→浅草文庫（1874〜1881）→日本政府圖書（1886〜1932）→内閣文庫（1993〜）、となる。『嵯峨物語』国立公文書館所蔵。

記述のしかたとしては「印記：「○○藏」、「○○圖書記」」のように書きますが、誰の蔵書印か判明していれば名前を括弧に入れてつづけて書くようにNCR87R3では規定されていました。もっとも、図書の特定の場所に捺されている場合にその場所を括弧に入れて書くやり方も考えられたりもするので、理想的には「旧蔵者典拠」を作ってそれとリンクさせるのが最もよいでしょう。国文学研究資料館が公開している〝蔵書印データベース〟は、その意味でもたいへん有益なデータベースになると言ってよいと思います。

このデータベースは非常に便利で、印文

の一部が読めない場合など、印のかたちや大きさや色、陽刻（朱文）か陰刻（白文）かといった条件を加えて検索ができますし、４文字目がたとえば「學」とあることだけがわかるとき「４学」と入れれば検索できるなど、出現位置や文字の総数といったいろいろな条件で検索でき、国文研の電子資料館のなかで出色のものと言えます。数年前までは、専門書の索引や篆刻字典をあたるしかありませんでしたので、インターネット環境でほんとうに便利になったものです。

といって、上記データベースなどに収録されていないものも多数ありますので、読めないものは「蔵書印2印あり」とか、「印記：「（糸印）」」のように記録しておけばよいでしょう。

書き入れ≠書き込み

印記のほかに、所蔵者を示す情報としては、江戸時代以前のものは少ないですが、蔵書票が図書に貼られていることもたまにあります。これは印記と同様、「蔵書票：「〇〇蔵」」などと記録すればよいでしょう。

よく見られるのは、現物の表紙や裏表紙やそれぞれの裏に直接「〇〇蔵書」などと書いてあるケースです。20世紀に至るまで、昔の人は本に限らず物品を入手すると、いつ・どこで手に入れたかをモノに書きつけておく習慣があり、「昭和十年八月十日於神田山本書店購求」といった墨書をよく目にします。こういった旧蔵者や伝来の履歴を記したものについては、「表紙記：「〇〇蔵書」」とか「裏見返しに「文化丙子之夏於平安書肆求之　岩本氏」と墨書あり」といった具合に記録しておけばよいでしょう。

漢籍の用語ではこういった書き入れのことを「識語（しきご）」といい、したがって「識語：文化丙子之夏於平安書肆求之　岩本氏」などと記録してもよいのですが、たんに「○○藏書」とあるようなものについてはふつう識語とは言わず、その図書の伝来の履歴を示している文章や、後の時代の学者が記した書誌学的なメモの場合にこのタームを使うことが多いです。

識語が記されているのは見返しや裏見返しといった場所が多いですが、第7章（141頁）で見た「奥書」と違い、とくに場所の限定があって使用されるタームではありません（だからこそ、「巻末の識語」と「奥書」とは重なってくるのですが）。他方、文字や文章を練習したものや「へのへのもへじ」のような落書き（時にもっと尾籠猥雑なものもあったりします）など、あまり意味のないものは、「書き入れ」とは区別して「書き込み」と称し、基本的に無視します（ですので、NCR2018の#3.7.0.3.2のd）の例示の文言はあまり適切ではありません）。小説本の見返しや裏見返しには、「此の本何方様へ参り候とも早速御返し下さるべく候」といった貸本屋の文言もよく目にしますが、これらも転記して記録するかどうかは微妙なところです。

身に覚えが……

旧蔵者による書き入れでいちばん多いのは、注釈やルビ、訓点などを本文に書き入れたものです。これらについては、もともとある――すなわち体現形レベルで存在する――注や訓点とは厳密に区別しなければいけません。もっとも、刊本ならそこははっきり区別できますが、写本の場合はもともとあった頭注なのか書き入れなのか判然としないこともしばしばありはします。

記録のしかたとしては、基本的には「書き入れあり」としておけばそれでよく、すべて朱筆による場合は「朱筆書き入れあり」、墨書と朱書と両方ある場合は「朱墨書き入れあり」といった具合に記録します。

注釈の書き入れの場合、当人による注やメモのみならず、先人の注釈を書き写していることもあります。行き届いた人だと、注釈者ごとに黒・朱・藍・緑などで色を変えていたり、各巻末に「何年何月何日誰それの注によって校了　何某」と明記したりしており、そういった年記や人名の情報は何らか記録しておいたほうがよいでしょう。

これに対し、本文に朱引き（しゅび）や句読点が施されているだけの場合は、注記するかは微妙なものがあります。朱引きというのは、漢文において、固有名詞を示すために字の上に朱線を引いておくもので、中央に一本線は人名、二本線は書名、右がわに一本線は場所、二本線は国名、左がわに一本線は官職、二本線は年号というルールが一般的とされます。ただ、こうした朱引きや句読点が施されていること自体は、読み手による「読書」という行為がなされたことを示しているだけと言え、注釈が書かれているのとは、その図書へのかかわりかたの度合いが一段違っていると言ってよいかと思います。

実際によく目にするのは、朱引きにしろ注や訓点にしろ、最初の数丁はくわしく書き入れがなされていても、それ以降は何もされていないきれいなままという状態の本です。多くの人の身に覚えのあるところでしょうが、昔の人も明らかに途中で「力尽きて」しまったのでしょうね。

付ける・貼る・挟む

書き入れは基本的に本文の欄外や行間になされますが、付箋や貼紙（専門用語としては「押紙」とも言います）に書かれている場合もあります。これらについては「付箋あり」とか「貼紙あり」とか注記しておけばよいですが、「付箋」については現代のポストイットのようなものと区別して書き分けておいたほうがよいかもしれません。

後者については、表紙などに「春」とか「ぬ弐百七」とか、所蔵者の函架番号と思われる情報が書かれた四角や八角形の紙が貼られていることもよくありますが、こうしたものについては、記述する重要度としてはあまり高くはありません。こうしたものが直書きされている場合や、表紙や見返しに「全十冊」などとセットの冊数が墨書されているようなケースも、通常のレベルの書誌記述であれば無視してよいです。

付箋や貼紙が剥がれた場合であることも多いですが、メモや覚などが挟まっていることもよくあります。内容的にまったく無関係なものである場合も多いですが、記録する必要がある場合は「付：「〇〇」とある書付1枚」とか「挟みもの：甲より乙宛書簡1通」とかしておけばよいでしょうし、とくに詳しく記しておく必要がなければ「挿紙あり」「挟紙あり」といった注記でとどめておくのでよいです。なお、貼り込みにしろ挟み込みにしろ、詳細に記録する場合は数を数えたほうがよいかもしれませんが、時にものすごく多い場合もあるので、まあ無理はしないでよいでしょう。

いずれにしろ、書き入れや貼紙・挟み込みについては、和漢古書においては存在して当然のものですので、そう目を皿にして絶対に見逃さないようにするほどのことはなく、そこそこ目立つ場合に記録するくらいの意識でよいかと思います。

虫食いの被害

和漢古書は製作から数百年を経ているものですので、さすがに何らかの傷みがあるのがふつうと思ったほうがよいです。貸本などはたいてい手垢のついたクタクタの状態になっていますし、多少の破れや綴じ糸の切れ、題簽の剥落などは常のことですので、特別な本で詳細に記録する場合以外、これらを一々記録する必要はありません。

傷みで最もよく目にするのは「虫食い」の被害で、図書の内部に、1〜3ミリ程度の幅の穴を縦横に開けられてしまっているのは、残念ながら高温多湿の我が国ではおなじみの光景です。これに対し、朝鮮半島や中国北方では虫損(ちゅうそん)というのはそう多くないそうで、羨ましいかぎりです。

紙を食べてしまうのは「紙魚(しみ)」ではなく、シバンムシという甲虫によるもので、ひどい場合は本を開くとぼろぼろになった無数の紙片が飛び散るような具合にもなります。虫の害を防ぐには古来、天気の良い乾燥した日に「虫干し」をすることが行われてきましたが、現在では化学的な燻(くん)

蒸処理を専門業者に依頼するのが一般的です。『和本入門』等によれば、電子レンジに入れて加熱すれば一発で退治できるとのことですが（238頁）、これはいろいろな意味で勇気がいりますね。

虫食いがあれば「虫損あり」と記録しますが（NCR2018では#3.7.0.3.1）、まあこれもあることがふつうなので、文字にかかっていない程度であれば無視してよいです。逆に虫食いがひどく開けないようであれば「虫損甚だし」などと記録します。紙を食べてしまう虫の害については漢籍ではむつかしく「蠹損」と書いたりしますが（「蠹」はキクイムシの意）、「虫損」で問題ありません（もっとも、「虫」は「爬虫類」などのとおり、もともと昆蟲を指す字ではありませんが）。

虫損に対しては、裏から和紙をちぎって貼る「虫つくろい」や、別の紙を一丁まるまる裏から貼る「総裏打ち」をしてある場合もあり、必要であれば「虫損あり（裏打ち補修あり）」などと記録します。

にゃんこ効果は？

食害として昆虫のほかに時々見られるのは、ネズミによって端を食いちぎられたもの（鼠損）で、これはなかなか補修もたいへんです。歴世、ネズミ対策で最も有効なのはと言えばネコを飼うことだったわけですが、ある本に捺されていたたいた蔵書印には、猫の後ろ姿のシルエットと「辟鼠」という文字が彫られていました。はたしてネズミ避けに効果があったでしょうか。

虫のせいか鼠のせいかわからない、あるいは人の手による派手な破れなどについては「破損あり」としておけばよいでしょうし、とにかく汚れがひどくて読むのに支障をきたすようであれば「汚損あり」としておけばよいでしょう。それ以外にも、カビによる黴損（ばいそん）・湿気による湿損（しっそん）・水濡れによる水損（すいそん）・焼け焦げや火災による焼損（しょうそん）など、本を傷めてしまう原因はさまざまあり、長い時を経て保存されてきたものというのは、やはりそれだけ貴重なものだなと改めて感じさせられるところです。

上にあげたような傷みでなくとも、和装本の特性として、綴じ糸が切れたりした結果、本の一部や前後の丁が欠けたりする事態はよく生じます。巻単位で欠けている場合は、第3章（53頁）で見たように欠巻（闕巻）の注記をしますが、そうでない場合は「第十五丁以下欠」という具合に記録します。丁付けのない写本などの場合は、「前欠」「後欠」あるいは「首尾欠」のように注記します。

刊本で破損や欠落があるとき、欠けている部分を補写しているケースもよくあり、ある程度以上あれば「補鈔あり」などと記録します。

なお、巻単位あるいは冊単位で欠けているものを別本で補っている場合は補配（ほはい）といい、漢籍では「第2巻用鈔本補配」といった具合に記録したりします。

合綴本あるある

古書は外がわほど傷みやすく、亡失しやすいので、表紙や裏表紙が失われていることはままあり、後人や現在の所蔵者が新しく表紙をつけ直していることもあります。「表紙後補」などと記録しておいてもよいですが、まあこれは図書館ごとの方針で注記しなくてもかまわないでしょう。いずれにしろ、原装ではなくほんらいの表紙や裏表紙がないということは、その裏にあったはずの見返しや奥付がなくなっているということになるので、書誌の記録にあたってはだいぶマイナスです。

原装・改装ということで言うと、ほんとうに古い本では装丁を改めている――たとえば粘葉装を線装に、巻子本を折本に――こともありますが、ふつうに目にするのは、糸綴じ本数冊をまとめて１冊に綴じなおしているケースです。

途中の表紙や裏表紙は廃棄してしまって綴じなおしているのがふつうですので、一見わかりにくいかもしれませんが、だいたい不自然にぶあつかったりしますし、もとの冊の先頭や末尾に蔵書印が捺されていたり、原冊単位での小口書きが残っていたりすることがままあり、注意して見れば気づくことも多いです。こういうのは「原３冊を１冊に合綴」などと記録することになります。記録の順序としては、このあたりはむしろ印記などより前でもよさそうです。

なお、ＮＣＲ２０１８では、#2.42.1.2.6で「和古書・漢籍について、合冊または分冊されて原装の冊数が変化している場合などは、必要に応じて原装のキャリアについて記録する。」とありますが、体現形レベルの注記としてよいのかいささか疑問があります。

第11章　四部分類とシリーズ

この章では、漢籍の四部分類と、シリーズについて取り上げます。

緑紅藍灰でどうですか

現代書や洋書を扱っている分にはまずかかわりのないこの四部分類という分類ですが、漢籍に用いられる、すべての図書を「經」（儒教の経典）「史」（歴史・地理・政治法律）「子」（思想・技芸・自然科学）「集」（文学創作）の四つの大分類に分ける分類法です。ちなみに、「史部」と「子部」は中国語だと違う発音ですが、日本語だと同じ「シブ」で間違いやすいので、漢籍屋のあいだでは「子部」のことを「コブ」と言ったりします。けっして基本的な音読みができてないわけではないので、誤解のないようお願いします。

実際には四部の書にまたがって収録した叢書というものもありますので、「經」「史」「子」「集」以外に「叢書部」を立てた五部分類にすることが多いです。また近代以降の図書については、NDCなどの近代的な分類体系で分類したほうが適切なものということで、新學部という部を別に立ててそちらに収めることもあります。

第1章で述べたとおり（5頁）、漢籍というのは、辛亥革命以前に図書の内容が成立した中国語の書籍ですので、新たにタイトルが増えるということは基本的にありません。ですので、総体が決まっているので、個々の書籍をどこに分類するかはすでに確定されているということが言えます（実際には、いくつかの「流派」があって異なる場合もあるのですが）。逆に言えば、四部分類で分類されるのがすなわち漢籍だ、と定義してもいいくらいです。

さて、四部分類では、すべての図書を四つの大分類（「部」）に分け、そこからさらに中分類（「類」）・小分類（「属」）へと分けて分類していく、ということで、構造そのものは日本十進分類法（NDC）の類目―綱目―要目というのと同様です。また、NDCでピリオド以下に展開されるのと同様、必要があれば「属目以下の区分」をすることもあります。

それぞれの部の中の類や属の数は10個というわけではないのですが、記号化して表すこともできそうです。たとえば、「史部」「書目類」「目録叢刻之屬」などというのだと、かりに『東京大學東洋文化研究所漢籍分類目録』の体系にしたがえば、「B-14-08」という具合にできるでしょう。ただし、記号化したほうが電算的には扱いやすそうですが、実際の利用にあたっては、文言の表示があったほうが当然見やすいです。

この四部分類は長い歴史を経て確立されてきたものですが、清朝盛期にそれまでの主要な図書のほとんどを網羅する叢書として編纂された『四庫全書』も、この分類法によっており、この叢書における分類が一つのスタンダードとなっています（ですので「四庫分類」という言い方もあります）。

ちなみに、『四庫全書』では「經」「史」「子」「集」の各部の図書の表紙は、それぞれ緑色・赤色・青色・灰色に色分けされています。これは「春夏秋冬」に対応しているのだそうですが、もし四部分類で漢籍を整理することがあれば、帙や容器に貼るラベルなどにこの色分けを用いたら、「むむ、おぬしやるな」ということになりますので、お勧めしたいと思います。

四部分類とNDC

時々、四部分類からNDCへ、あるいはNDCから四部分類への機械的な変換テーブルとか作れないかな、と思うこともあるのですが、やはり根本的な分類思想が違っているので、どうもむつかしそうです。あるいは、いま世に出回っている本をことごとく四部分類で分類してみたら、と変な妄想をしてみたりもするのですが、たいそうバランスの悪い構成になることは間違いありません。

著名な漢籍でも、NDCで分類するとどうも座りの悪さを感じる場合もあります。たとえば、『蒙求（もうぎゅう）』という著作、唐代に書かれた非常にポピュラーな書物で、和刻本も何十種とありますが、どういう図書かというと「童蒙（＝子ども）の求むるところ」というとおり、道徳的見地から初学者向けに韻文で編まれた、歴史上の有名人の逸話集です（たとえば「蛍雪の功」なんかもこの本が出典です）。

で、この本のNDC分類ですが、故事熟語？　教育？　倫理？　伝記？　いろいろ考えられますが、多くの場合、222.04「秦漢〜隋唐の歴史」となっています。確かに間違いではないとは思いますが、どうも今一つしっくりこない感じがあります。これはこれで仕方がないかとは思うのですが、この分類に並んでいる他の本とはちょっと毛色が違います。

もっともこの『蒙求』、四部分類でも「子部・類書類・彙考之屬」もしくは「子部・雑家類・雑纂之屬」と流儀によって割れており、分類しにくい本ではあります。「雑纂」というのもよくわからないし、といって類書ということでNDCでは032.2になるようなものと並べるとなると、それも何だかというところではあります。

文字通りの「小説」は

では、これもメジャーな『世説新語(せせつしんご)』という書物はどうでしょうか。六朝(りくちょう)時代に書かれた、当時の有名人の言行を記録したこれも逸話集ですが、これについては、『日本十進分類法』9版では923.4のところにはっきり「捜神記、冥祥記、博物志、世説新語、遊仙窟」と例示してありますので、NDCとしては923.4「秦.漢.魏晋南北朝.隋唐」の「小説.物語 Fiction. Romance. Novel」で確定ということになります。

一方、四部分類ではどうなっているかというと、これはどの流儀でも『世説新語』を「子部・小説家類・雑記雑説之屬」に分類しています（属名を「雑事之屬」としている場合もありますが、これは単に表記の違いです）。こちらでも「小説家類」とありますから、何の問題もないように見えます。

ところが、この「小説家類・雑記雑説之屬」の他の図書を見てみると、『西京雑記』『酉陽雑俎』『唐國史補』『陶菴夢憶』『幽夢影』といったものが並んでおり、これらはTRC-MARCでは、みな９２４の「評論．エッセイ．随筆」に入れているか、あるいは歴史に分類しており、９２３にしているものはありません。これはどういうことでしょうか。

問題はこの「小説家」という言葉です。四部分類の子部の類の名称は、『漢書・藝文志』の記述を踏襲しているのですが、そこでは「小説」というのは文字通り「マイナーな言説」「取るに足らぬ言説」ということで使われています。ノベルやフィクションといった意味合いはまったくないのです。

ですので、四部分類で「子部・小説家類」に入れられているのは、「とくに思想的立場の無い」有体に言ってどうでもいいような著作で、自分がそのへんで見聞きしたものを書きとめたようなものが主たるものです。これらのものについては、後代では「筆記小説」という言い方をします。

こうした「小説」のなかでも「異聞之屬」に分類される幽霊や怪異の話（「捜神記、冥祥記、博物志、遊仙窟」はいずれもこちら）は、見聞記録のフリをした創作だったりしますから、「フィクション」ということで９２３にするのは正しいでしょうが、「雑記雑説之屬」に入るようなものは、基本的にほんとうに単なる「雑記」であって創作ではありませんから、９２４にしておくのが適切ということになるのです。前者のような怪異譚を「志怪小説」、『世説新語』のようなものを「志人小説」と言います（「志」は「誌」と同じで、「しるす」の意味）。

まあ「伝記小説」というものもあるわけですから、『世説新語』を９２３．４とするのは間違いではないのでしょう。ですが、７版までは記載がなく『日本十進分類法』８版になってからはじめて追加された「捜神記、冥祥記、博物志、世説新語、遊仙窟」という例示、ここに『世説新語』を入れたのは、「小説家」のほんらいの意味と関係なく、『世説新語』と言えば「志人小説」、小説ならばノベル、ということで入れてしまったのでは……と、正直ちょっと疑っていなくもないのですが、まあこれ以上は踏み込みません。

なお、『西遊記』『水滸伝』といった白話小説は、創作として「集部・小説類」に分類され、こちらはノベルということで９２３でまったく問題ありません。

和古書のシリーズ

和漢古書では、シリーズ名（叢書名）は目次・序文・版心・見返し・題簽などに記載されていることが多いですが、本文巻頭第一行の下方に記されている場合もよくあります。複数冊が揃っていたり、シリーズとして刊行されたものの一部であることが明らかであれば、階層構造のある書誌として作成すればよいですが、そもそもほんとうにシリーズとして刊行された実態があるのかよくわからないものもあります。

そうしたものや抽刻本（２３５頁）、あるいは一冊しか残っていないような本（零本）については、階層構造をとらずに、注記として記録しておいたほうがよい場合があります。このとき、現物

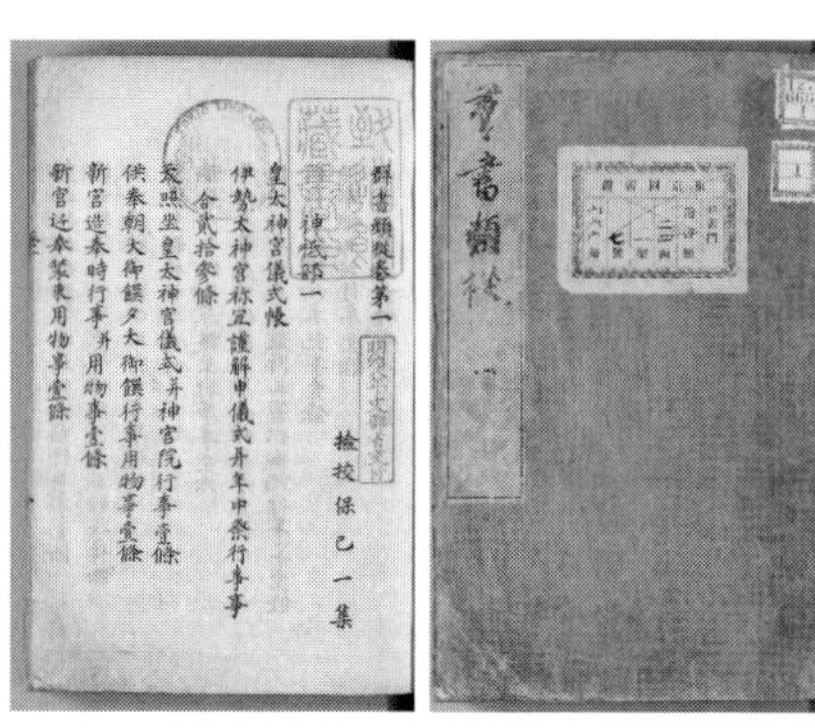

▶図11-1　『群書類従』。重板・類板として書店からの発行は拒否された。基本的に出版事項不明として記録する。国立国会図書館所蔵。

や冊子目録に「～之二」などとあっても、この「之二」は「～の中の一部である」ということを意味しており、シリーズ番号（叢書番号）の「1」だとは見なさないほうがよいことが大半です。記述のしかたとしては、そのまま「『○○』之二」と注記することになります。

和古書で代表的なシリーズものと言えば、盲目の大学者・塙保己一が編纂した『群書類従』があげられます。全国の古書を蒐集し校訂を加えて刊行した530巻666冊におよぶ一大叢書ですが、目録記述としては「群書類従」をシリーズまたはセットの書名とするよりも、「群書類従」を書名として収録作品を内容著作や巻の書名として記録したほうが記述しやすそうです。もっとも零本すなわち離れ本として出てくる場合も多く、そうしたものはやはり注記のほうに「『群書類従』巻第112（装束部1）」などと記録することになります。なお、続編として『續群書類従』『續々群書類従』などが編纂されています（刊行は明治以降）。

このほか、よくお目にかかる和古書の叢書としては、上州安中藩主の板倉勝明が編纂刊行した『甘雨亭叢書』や紀州新宮城主の水野忠央による『丹鶴叢書』などがあります。あるいは、木活字で印行された『拙修齋叢書』（せっしゅうさい）に属する本も、わりかた目にするところです。

漢籍のシリーズ

漢籍のシリーズについては、經史子集の四部のほかに「叢書部」が立てられているとおり、各ジャンルにまたがる叢書というものも相当数あります。叢書部のなかには、影印や覆刊など古書を複製したものを収めた景仿類（えいほうるい）や、すでに散逸した図書の他本に引用された箇所を集めて部分的に復元したものを収めた輯佚類（しゅういつるい）といった、特色あるものもあります。

また、叢書部に収められていなくても、各部や類の特定のジャンルのみの図書を集めたものも結構あり、それらは各類の「目録叢刻之属」といったところに分類されています。これら叢書・叢刻は、基本的に書誌階層を有するかたちで目録作成したほうがよい場合が多いかと思います。ただ、輯佚類のものなどはその性格上必ずしもそのようにはしません。

漢籍の主要な叢書とその内容については、『中国学芸大事典』（大修館書店）の巻末に「中国主要叢書内容一覧」というのが載っていて、通覧するのに便利ですし、網羅的なものとしては『中国叢書綜録』（上海古籍出版社）といった工具書があります。和漢古書ではありませんが、民國期の『四部叢刊』『四部叢刊續編』『四部叢刊三編』『四部備要』『百部叢書集成』といったシリーズは、収蔵している大学図書館なども多いでしょう。

すこし注意が必要なのは『武英殿聚珍版全書』という叢書で、これはもともと清の乾隆年間に、宮中の武英殿というところで活字印刷（聚珍とは活字の意。116頁参照）したものですが、その後複製が許され、各地で重刻されました。同治年間に江西で出版されたものや光緒年間に廣東の廣雅書局から刊行されたものなどが流布していますが、実は収録内容にかなり異同があります。さらに、これらはみな整版による翻刻なのですが、叢書名はやはり『武英殿聚珍版叢書』とか『武英殿聚珍版書』などとなっていますし、目首や版心に「武英殿聚珍版」と記されたままだったりしますので、活字印本と誤って記録しないように注意しなければなりません。

大藏經――仏教の大叢書

和漢古書のシリーズについて見てきましたが、仏教の一大叢刻であるところの『大藏經』について、ここですこし触れておきます。

『大藏經』は『一切經』とも言い、漢訳された仏教経典とその注釈・論集等を集めた、収録部数一千部以上に及ぶ一大叢書です。中国では宋代以来、歴代王朝の皇帝の勅命により何度も刊行されており、朝鮮半島でも高麗時代に国家事業として『高麗藏』と呼ばれるものが刊行されました（再彫本の版木が現存しています）。

日本では、天海僧正により着手されたものが慶安元（1648）年に徳川幕府の支援を受けて刊行された寛永寺版（『天海藏』）が嚆矢となりますが、一般に広く流布したのは寛文8（1668）年から延宝・天和にわたって刊行された鐵眼版と呼ばれるものです。

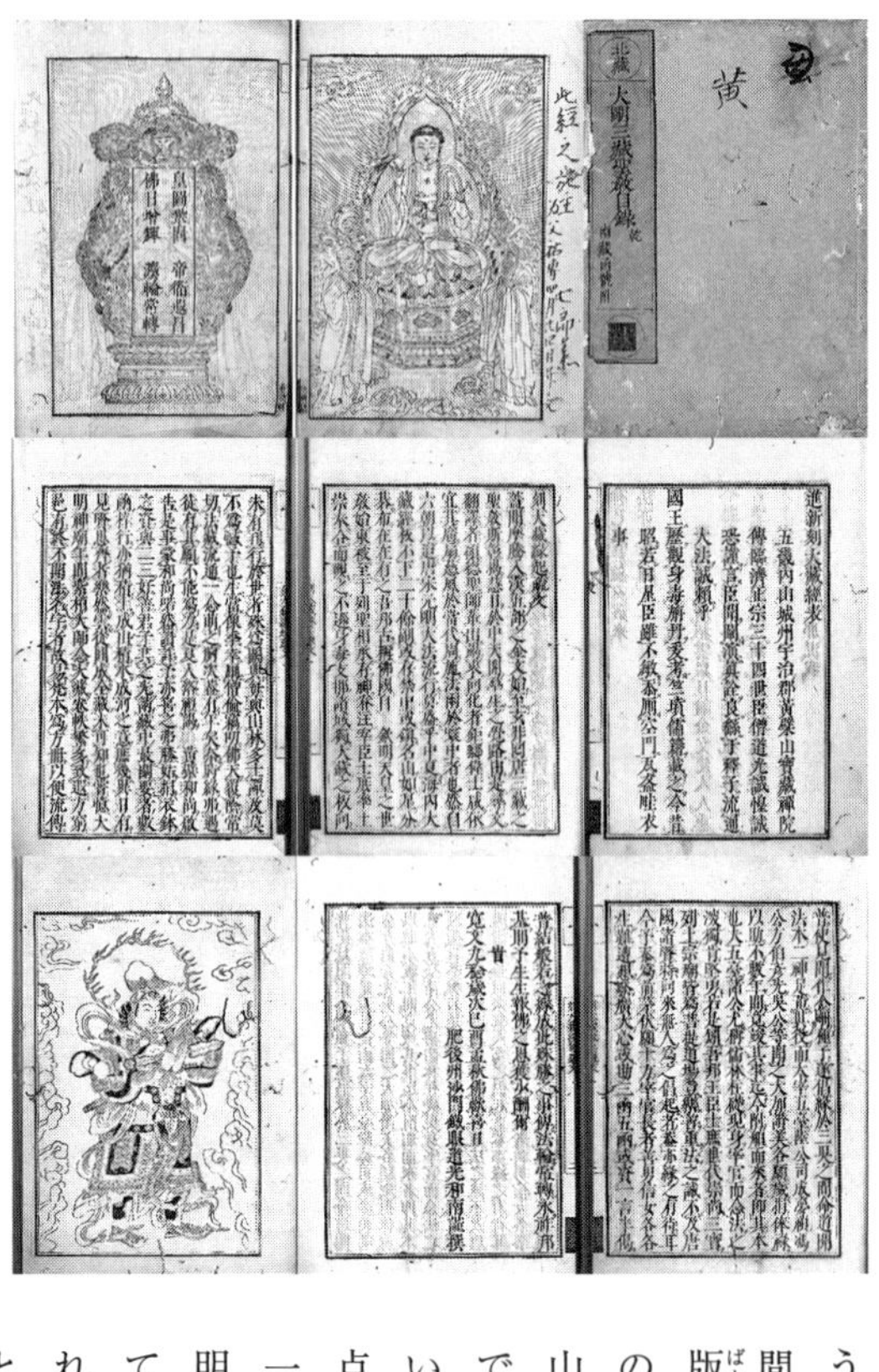

▼図11-2　『黄檗版大藏經』。写真は本体と同じ装丁・版式で刊行された『大明三藏聖教目録』で、その「縁起」に鐵眼による刊行の経緯が記されている。扉絵や巻末の韋駄天像なども多くの図書に共通する。

これは、鐵眼道光という お坊さんが、明代に民間から刊行された「萬暦版」をもとに翻刻したもので、版木を宇治の黄檗山万福寺に収蔵したので、「黄檗版大藏經」という呼称もあります。訓点が施されている著作も一部ありますが、版式は明の原版のものを踏襲して毎半葉十行二十字、これが現在の原稿用紙のもとになったと言われます（いわゆる明朝体もこの鐵眼版の書体によると言います）。各巻末に刊記を具えたものが多いですが、後印本・補刻本などでは埋め木されたりしていることもままあり、和漢古書の整理の現場でよく目にするのはそれらのものです（明治以降は、京都の印房武兵衛（貝葉書院）が印行を請け負っています）。

全冊揃いで保有しているところはそんなになく、離れ本として出てくることが多いですが、その場合は、現物や帙に「大藏經」と明記されていなくても、やはり「『一切經』之一」などと注記しておいたほうがよいでしょう。

明治以降も、弘教書院の『大日本校訂大藏經』（縮藏）や大藏出版の『大正新脩大藏經』（大正藏）などの活字和装本が刊行されており、とくに後者（底本は上述の再彫本『高麗藏』）は世界的にスタンダードとして利用されています。

なお、鐵眼藏や大正藏などでは、題簽や版心上部に「印度撰述」「支那撰述」「日本撰述（扶桑撰述）」といった文言がしばしばありますが、これは原著の成立地別のカテゴリーを示したものであり、別タイトルの一部として記録したりするのはあまり適当ではありません。

神道ではこうした一大叢書というのはありませんが、中国の道教では、やはり経典を総結集させた『道藏』という叢書が編纂されています。

第12章　特殊な資料

和漢古書の中には、特定のジャンルのものなどで、他とは異なった特徴を有しているものがあります。この章では、それらについて見ていきましょう。

「ハンニャハラミッタ」ではいけなかった?——仏教書の注意点

前章の最後に、仏教書のシリーズ『大藏經』について書きました。もちろん、仏教はきわめて専門性の高い分野で、正直、部外者があれこれ言えるところでもなく、長澤氏でさえ『和刻本漢籍分類目録』では医書（醫家類）と仏書（釋家類）は対象外としています。

ただ、日本の仏教界はきわめてぶあつい伝統がありますし、また『大正新脩大藏經』の電子化も他に先駆けて進んでいるなど、仏教系の各大学等でハイレベルな整理が進められていますから、一般人としてはそれらを頼りにすればよいでしょう。ただし、同じ語でも宗派によってヨミが違うなどということもあったりするようなので、そのあたりは注意が必要です。

また、西域や印度出身の訳経僧の名前は、伝統的には「支婁迦讖（しるかせん）」「菩提流支（ぼだいるし）」といった漢字形とその音読みで通ってきているのですが、洋書と一緒のデータベースに格納したり、国際典拠を意識したりということになると、やはり「Lokakṣema」「Bodhiruci」などサンスクリットのアルファベット表記形を統一形とするべき、ということになるでしょう。同名異人や異名同人も結構いますので、同定は慎重に行う必要があります。

第4章（83頁）で漢籍の責任表示に触れた際、仏僧については「（唐釋）」といった具合に「王朝名＋釋」を頭につけて記録するということを書きましたが、お坊さんであることを示す語としては、「釋」とか「僧」とかのほか、「佛子・沙門・桑門・頭陀・杜多・比丘・苾芻・三藏」といったものがありますので、気づくようにしておきましょう。

統一形としては、原則として俗姓は無視して「玄奘」「空海」などと法名のみを記録します。禅宗の僧侶の場合は、「夢窓疎石（むそうそせき）」「春屋妙葩（しゅんおくみょうは）」のように「法諱＋道号」を統一形とする場合もありますが、もちろんこれを「姓、名」のように記録したりするような真似はしないよう、注意しましょう。

また、仏教関係の目録記述でもう一つ注意しておかなければならないこととして、梵字（ぼんじ）のことがあります。これは、仏教成立当時のインドで使われていた梵語（サンスクリット語）を筆記するのに用いられた文字――ただし、あくまでいくつかの筆記体系のなかの一つです――で、われわれが卒塔婆とかで目にするあの文字ですね。厳密にはイコールではないということですが、悉曇（しったん）文字とも呼ばれます。ちなみに「悉曇学」というと、梵字を対象とした音韻の学問で、江戸時代以前の日本語の言語学的研究にも大きな影響を与えました（仮名の五十音図などは悉曇学に基づいて成立したものです）。

この文字は、やはり仏教関係では、書名などでも時々出てきて、とくに密教系の本ではよく使われますが、現在のところ通常のコンピュータ環境では入力できません。目録記述するとなると、ゲタなどで記入しておくか、カナやアルファベット、あるいは系統を同じくするインドのデーヴァナーガリー文字で補記する、ということになるでしょう。

ちなみに、ＮＣＲの標目付則１の1.2.2では、外国語・外来語の漢字による当て字（音訳）に対しては、原語の発音に対応するカナ読みを与えるということになっていましたが、仏教用語では当然サンスクリットからの音訳のものが多いです。となると、悉曇はシッダム、卒塔婆はストゥーパ、般若波羅蜜多はプラジュニャー・パーラミターと読みを与えるべきなのかとか、「僧」とか「菩薩」とか当て字をさらに省略したかたちの場合はとか、いろいろ悩ましくもなってきますが、基本的に江戸時代以前に入ってきた梵語由来のものは、もう日本語の単語としてふつうに音読みするということで、もちろんよいはずと思います。

謡曲のたしなみ

第９章で、注や訓点のことについて見ましたが、ＮＣＲ87Ｒ３の2.7.4.7（古）には、イ）の訓点につづいて、「ウ）謡本等で、本文の横に付された記号について、説明する必要があるときは注記す

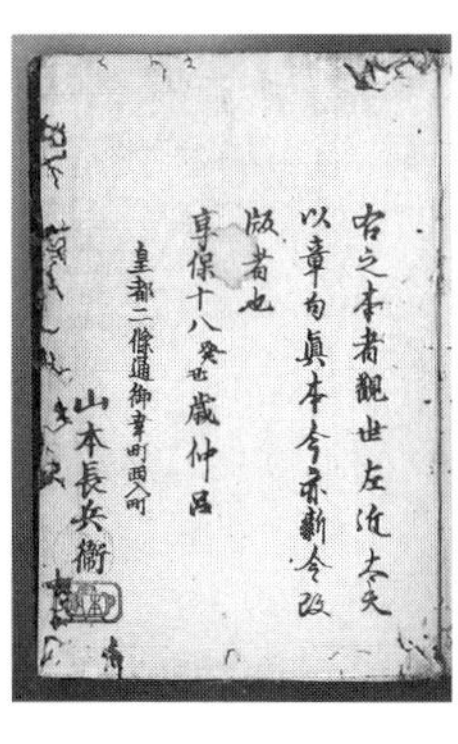

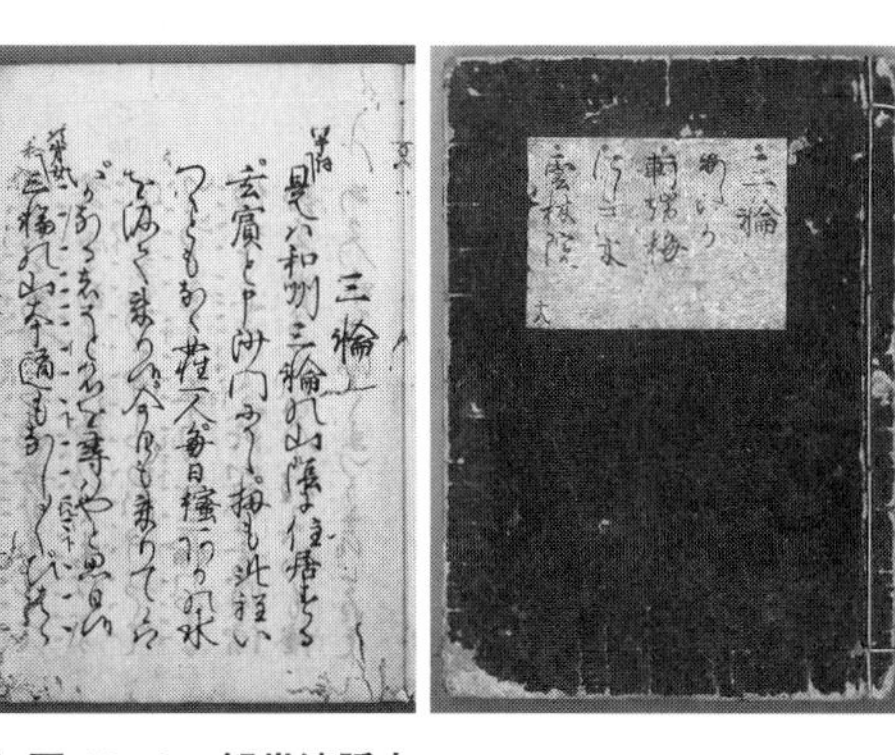

▶図 12-1　観世流謡本。

る。」とあります（NCR2018では #3.7.0.3.2 のc)）。

謡本というのは、能の詞章（テキスト）を記した本のことで、舞や囃子が必須の構成要素となる能の上演とは別に、謡そのものの稽古のために製作・刊行されたもので、謡曲が武士や町人の趣味・たしなみとして大いに流行したため、江戸時代以降多数発行されています。台詞の一部やト書きは基本的に省略されているので、上演台本とは言えず、あくまで謡の稽古の際に用いる、謡曲のテキストや節まわし（節付）を記した本、ということになります。

謡本は書型としては半紙本もしくは横中本であることが多く、また一作品が単独で刊行されていることはほとんどありません。半紙本のもので非常によく目にするのは、観世流の数十冊のセットもので、各冊に四つから六つ程度の作品を収録したものです。セットものであることは明記されていないことが多いですが、基本的な造本が同じですので、「観世流謡本」といった仮のシリーズ書名のもとに、まとめて整理したほうがよいかもしれません。たいてい、表紙に縦書きされた収録作品を横に並べた目録題簽が貼られており、時にそのすみに「内」とか「外」とかあったりします。前者は当時のメジャーどころを集めた「内百番」の、後者はそれにつぐものを集めた「外百番」のものであることを示しています。

謡本の刊行は江戸時代初期からいろいろな書肆で行われましたが、代表的な版元は京都の山本長兵衛で、17世紀半ばの万治年間から幕末まで観世流の謡本の版木を所有していましたが、元治元（1864）年の蛤御門（はまぐりごもん）の変で版木自体はほとんど全焼してしまいました。その後、版権は同じく京都の橋本常祐に譲渡され、明治後には檜常之助（常助）と名乗った彼の檜書店から、現代に至るまで謡曲の本が出版されています。

ちなみに、「檜大瓜堂」というのは、大正期にできた東京店の店名ですが、これは「大売り堂」の意味なのだそうです（現代の檜書店はこの東京のほうが本店で、オリジナルの京都店のほうは平成25（2013）年に閉店）。

旦那さまのご趣味は？——浄瑠璃本

謡本に近いジャンルでよく見るものとして、浄瑠璃本（じょうるりぼん）のことも触れておきましょう。こちらは、三味線の伴奏で語られる浄瑠璃の詞章を記した本で、江戸前期には、語りを担当する太夫（たゆう）使用の原本を正確に写した、細字十数行の挿絵入りの正本（しょうほん）が読みものとして刊行されていましたが、元禄期の近松門左衛門・竹本義太夫コンビの活躍で、こちらも趣味として稽古する旦那衆の需要が高ま

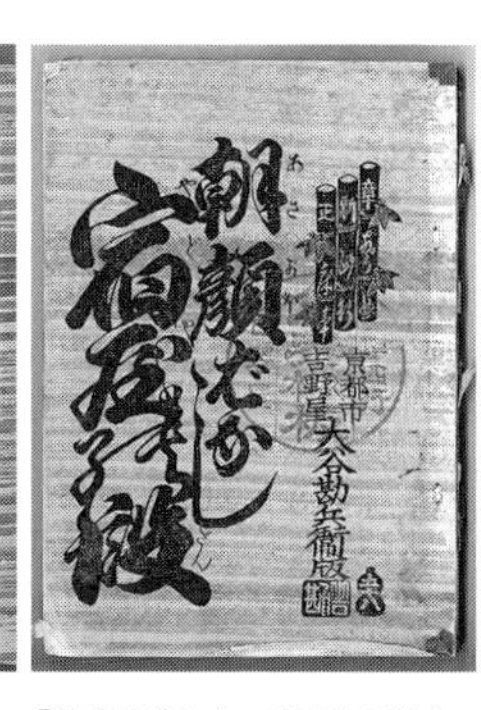
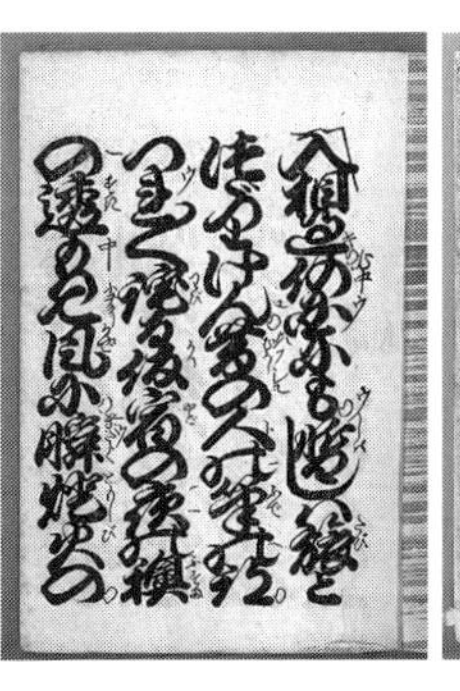

▶図12-2　浄瑠璃本。『朝顔ばなし 宿屋の段』。

り、節の付された稽古本が刊行されるようになりました。

一曲まるまるを収めたものを丸本と言い、一部のみ抜粋したものを抜本と言います。後者はあるいは、太夫が舞台上で使用するものについて、床本と言ったりします。いずれにしろ、どちらも稽古用・実践用のものですので、字は大きめで半丁あたり六行から十行程度になっています（床本を集めたものなどでは五行程度のものが多いです）。

丸本（大半は半紙本です）は基本的に人形浄瑠璃の上演と不可分のもので、上演と同時に刊行されましたが、人気のあるものは何度も刷られました。奥付自体には刊行年が明記されていないことが多いのですが、後印であることが明らかである場合以外は、巻末等にある上演年を出版年としてよいでしょう。巻頭（内題下）には、作者の名前がある場合のほか、太夫の名前や座元名が記されている場合もよくあります。また「巻」とあっても、それは基本的に「段」の別の言い方にすぎませんので、書誌的巻数とは見なしません。

浄瑠璃本は、このようにかなり特徴のある形式をしていますので、ふつうの図書とはすこし別に考え、丸本か抜本か、半丁あたり何行かはつねに注記しておくのが望ましいですし、内題下や題簽の記載もできるだけ転記しておいたほうがよいです。また丸本の上演年は、現物になくても〝日本古典籍総合目録データベース〟などを確認して注記しておいたほうがよいでしょう。

現在目にする江戸時代の謡本や浄瑠璃本は、まさにお稽古ごとに使われたものが残っていることが多く、かなり手垢にまみれた感じのものがありますし、書き入れがあることもよくあります。たいていい全体にではなく、ある部分にだけ書き入れがされているのがまたリアルな感じで、これらについては、アイテムレベルの注記として、「書き入れあり」などと記録しておいたほうがよいでしょう。

逆に節付記号は、ＮＣＲ87Ｒ３では「説明する必要があるときは注記する」ということでしたので、必要と認められれば注記してよいですが、正直このジャンルの本であればあって当然のものですので、別にわざわざ注記しなくてもよいような気もします。

本で読みたい！――絵入根本

演劇・音曲関係の本としては、ほかに絵入根本（えいりねほん）というものがあります。これは、歌舞伎の台帳（脚本）を印刷刊行したもので、現代で言えば、テレビドラマのノベライズなんかと似たような性格のものと言えるかもしれません。存在が確認されているのは数十点でそんなに多くはありませんが、派手な色刷りによる名場面の挿絵や役者の口絵などが入っていたりするのが、いかにもミーハーな読者向けの感じでよいです。

また、謡本や浄瑠璃本は節付記号があっても邦楽譜とは見なしませんが、あまり目にはしないものの、三味線や琴などの楽譜そのものも出版されています。これらはもちろん、邦楽譜として、楽譜の規定を参照して記録するのが適切です。

朝鮮本ワールド

和漢古書の整理ということになると、基本的に日本か中国で出版・書写されたものを扱うことがほとんどですし、内容も漢文で書かれたものかかな交じりのものしかまず目にしないのですが、時々は日本・中国以外で製作されたものや、日本語・中国語以外の文字が記されているものも出てきたりします。

出版地が日本・中国以外の和漢古書で最も目にすることが多いのは、朝鮮半島で刊行された本で、「国書」「漢籍」に対応するタームとしては「朝鮮書」もしくは「韓籍」、「和本」「唐本」に対応するタームとしては「韓本」もしくは「朝鮮本」という言い方があります。見た目には唐本の漢籍のようであっても、出版国コードや言語コード、ヨミなども、当然しかるべきものを入れなければなりません。朝鮮本は、経書を中心とした漢籍であることも多いですが、彼の地の学者による注釈書や詩文集であることもしばしばあり、それらについては漢字の書名に対してもハングルのヨミを付与するべきということになります。

朝鮮本は見た目・造りに特徴があり、基本的にふつうの和本・唐本より大型のものが多く、綴じが四つ目綴じ（四針眼訂装）ではなく五つ目綴じ（五針眼訂装）であるのがスタンダードです。表紙は黄色の無地の厚手の紙を使用していることが多いですが、題簽はあまり用いられず、書名が表紙に墨書されていることがよくあります。また、版式の特徴としては、魚尾が花口魚尾になっていることが多い、という点があげられます。

朝鮮本は、公的機関や学者個人が刊行したものがほとんどで、日本のような商業出版物はほとんど見られません。中央の公的機関が刊行したものは、巻末や封面にしっかりした刊記が具わっていることが多く、字体や刷りも立派で美しいものが多いですが、個人によるものは、紙自体が多少けばだっていることもあり、かなり刷りの粗いものも目立ちます。

出版事項は刊記が無い場合、序文や跋文から推定することになりますが、これがまたなかなか難物です。出版年のところ（130頁）で触れたように、干支や「王之何年」としか書いていないことも多いですし、中国書の場合、刊行事情を書いた文章はわりと事務的であっさりしたわかりやすい漢文であるのに対し、彼の国の人の序跋は、かなりペダンチックで凝った、要はわかりにくい文章であることが多い、というのが実感としてあります。巻頭に明記されていない場合、序跋中では得てして本名では出てこない著者や編者を認定するのも結構たいへんですし、巻次や巻の書名なども、途中で気が変わったのをそのまま反映しているような（よく言えば大らかな）ケースも多く、構成を把握するのにちょっと苦労したりもします。

内賜本・活字本

朝鮮本独特の慣習として、政府刊行のものについて、最初の冊の見返しに「(国王から)この書物をいつ・誰それに下賜する」という文章が墨書されている場合があります。これを内賜記（ないしき）と呼び、実際にそこに記されている年に刷られたと見てよいので、こうした本（内賜本（ないしぼん））については印行年として内賜記の年を記録することができます。

朝鮮半島の書物印刷史上の大きな特徴として、活字印刷が盛んに行われたということがあります。活字印刷自体は宋代の中国が起源ですが、朝鮮半島にも早くに技術が伝わり、高麗時代に金属活字が発明されました。現存する最古の金属活字印本は、高麗末期の1377年刊のもので、これはヨーロッパにおける活版印刷におよそ半世紀先立つものです。朝鮮王朝成立後も、中央政府によって金属製の活字が何度も鋳造され、かなりの数の活字印本が残されて

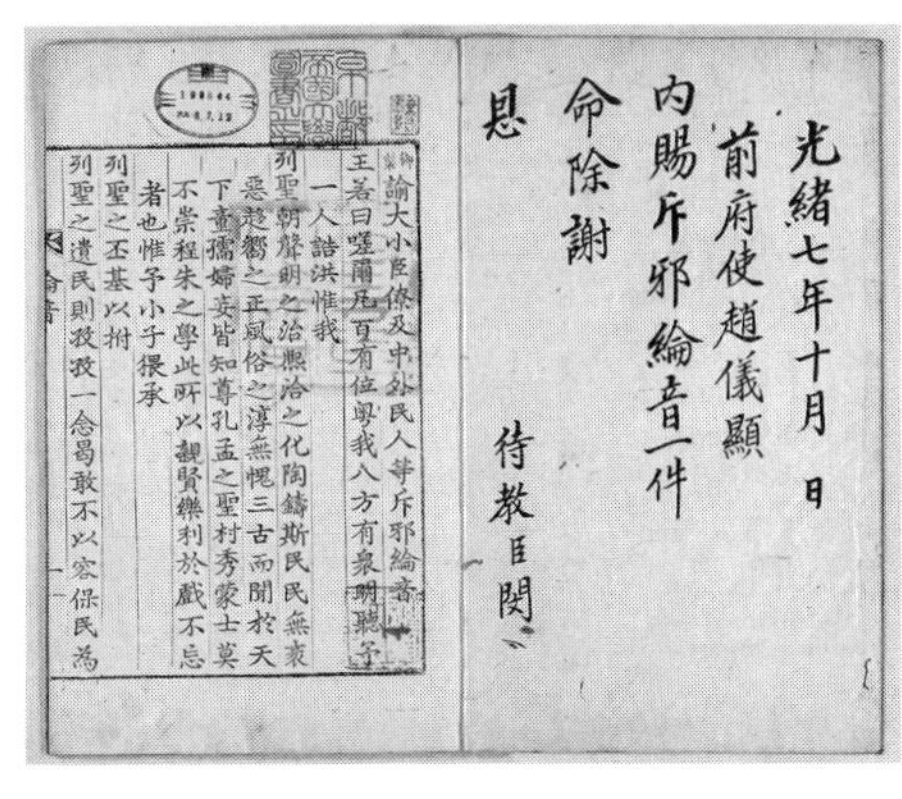
光緒七年十月　日
前府使趙儀顯
内賜斥邪綸音一件
命除謝
恩
待教臣閔

御製 諭大小臣僚及中外民人等斥邪綸音
王若曰嗟爾凡百有位暨我八方有衆明聽予
一人誥洪惟我
列聖朝繼明之治熙洽之化陶鑄斯民民無衰
悪趨嚮之正風俗之淳無愧三古而聞於天
下童孺婦女皆知尊孔孟之聖村秀蒙士莫
不崇程朱之學此所以靚賢樂利於戲不忘
者也惟予小子猥承
列聖之丕基以拊
列聖之遺民則孜孜一念曷敢不以保民為

▶図12-3　内賜記の例。金属活字印・五針眼訂装・花口魚尾など典型的な朝鮮本。『綸音』京都大学附属図書館所蔵。

います。

ただ、金属の材質についてはいささか不明瞭な点がありますので、鉄活字とか銅活字とかは断定せず、目録記述としては、NCR87R3で言えば2.7.4.0（古）のウ）の位置に「朝鮮金属活字印本」と注記しておくのが無難です。もちろん木活字本も多数ありますし、珍しいところでは陶製の活字（陶活字）や、瓢箪製の瓢活字なるものも使用されました。

諺解本

朝鮮半島でハングル（訓民正音）が発明・制定されたのは西暦1446年のことですが、あくまで補助的な発音表記の記号という位置づけでしたので、正式の文章はすべて純乎たる漢文で書かれました。ですので、朝鮮王朝時代の本でハングル入りのものはそんなには多くはないのですが、時々は目にすることがあり、とくに民衆教化用の儒学書や医書の解説書の類は何種類も刊行されています。ハングルのことを当時一般に諺文（おんもん）と称しましたので、こうしたものは「○○諺解」という書名であることが多いです。

いわゆる秀吉の朝鮮出兵の際に、朝鮮本の活字印刷技術が日本に持ち込まれ、駿河版（するがばん）などの古活字版の盛行を来たし、日本の印刷史にも大きな影響を与えたのはよく知られています。古活字版自体はもとより、活字本を覆刻したその後の整版の本でも、版心をずっと花口魚尾にしているなど、朝鮮本の版式の影響をたどることができます。また諺解本（げんかいぼん）にならい、日本でも「○○諺解」とか

「○○国字解」といった注釈書・解説書が多数編まれますし、『剪燈新話』など、朝鮮本を源流として翻刻され広く流布した漢籍の例も数多くあります。こうした伝播や変容のさまは、客観的に見てなかなか興味深いものがあるように思います。

縦書き左開きの本

朝鮮半島以外の外国で刊行された和漢古書としては、ベトナムの「越南刊本」やモンゴルの「蒙古刊本」などがありますが、さすがに手にすることはめったにありません。モンゴル文字や満洲文字は縦書きで左から右に読んでいきますので、袋綴じであっても通常の漢籍とは違って左開きの造本になります。

清朝時代の満文の本や、幕末期の横書きで刊行された外国語の辞書など、左開きのもので、縦書きの漢文の序跋が附されているようなことはよくありますが、時としてその漢文も左から右に書いてあったりするものもあります。何だか読んでいくと乗り物酔いしたような気分になりますが、こうしたものがまじっていると、通常の和漢古書のなかで、かなり異彩を放っていると言えます。

「官版」さまざま

江戸時代の日本は商業出版が盛んだったことが一大特徴ですが、もちろん公的機関が刊行したものもたくさんあります。寺社や諸藩によるもののほか、江戸幕府が刊行したものも多数あり、そのうち寛政11(1799)年以降、江戸湯島の昌平坂学問所(「御學問所」)が刊行したものを「官版(かんぱん)」と言います(広い意味では江戸幕府の刊行物全体を指すこともあります)。

官版の大多数は漢籍の翻刻ですが、表紙や装丁がほぼ統一されており、おおむね判別しやすいです。表紙は型押し模様のある濃い小豆色で、題簽上部に「官版」または「官版」の二文字が横書きに刷られている一方、出版者を記した刊記はなく、最終丁の欄外に「天保二年刊」といった年記だけが、やや縦長の文字で彫られています。本文はたいへんすっきりしたほぼ正方形の字様で、返り点や句点は付されていますが、送り仮名は付されていないものが多数派です。

こうした図書については、出版に関する注記としてただ「官版」とするか、あるいは「題簽に「官板」とあり」などと注記した上で、出版者としては「[昌平坂學問所]」と補記で記録するのが適当です(出版地はむろん「[江戸]」となります)。

このとき、題簽の書名として「官板○○」という具合に記録するかどうか、ほんらいからすると、この題簽の「官板」は、学問所の刊行物であるということを示している、という意味合いなので、書名の一部とすべきではないと思われます。ただ、検索の便宜をはかって「官板○○」でも検索できるようにしておく何らかの工夫はあっていいかもしれません。

一方、中国で中央あるいは地方の官庁が刊行した図書にも「官板」「官刻」などを書名に含むものがあり、これはそのまま書名の一部とすべきです。ただ中国の場合、民間の出版者が箔付けのために勝手にそうした語を冠することもままあり、かなりいい加減なものやあやしげな内容のものでも「官版」をうたっていたりします。

さてこの官版ですが、しばしば刊行後すぐに版木が須原屋や出雲寺といった有力な版元に貸与され、町版（まちはん）として印行されました。これらの後印本は、多くの場合表紙を取り替えた上で奥付を付け加えて発行されており、「官版」の表記は現物のどこにもなかったりしますが、表記の有無にかかわらず「××年刊官版の後印」と注記すべきものです。

明治期に入って、この官版の版木は火事で焼けてしまいましたが、一部が伊達家の手に渡り、補修の上、明治42（1909）年に『昌平叢書』65種として刊行されました。このときの印刷・製本の実務を担当したのは松山堂（藤井利八）という書店で、後にこの版木は京都帝国大学に移管され、聖華房（山田茂助）という書店から再印されました。ということで、『昌平叢書』としては、松山堂発行のものと聖華房発行のものとの2種類がある、ということになるのですが、どちらも表紙は初版のときと同じ、型押し模様のある濃い小豆色のものを使っています（出版者は裏見返しに朱印が捺されています）。

「昌平叢書」の文言は表紙に貼られた印刷紙片にありますが、題簽等の常としてしばしば剥落していきます。となってしまうと、初版の官版と区別がつきにくかったりするのですが、出版者が藤井さんや山田さんの場合、江戸時代の印行であることはありませんので、その場合は、巻末にある初刊時の刊年は、やはり書誌的来歴の注記として記録することになります。これを出版年としてそのまま記録してしまうと、明らかな間違いということになりますので、注意しましょう。

「官許」と「官版御用」

明治期の官公庁刊行のものでも「官版」とうたっているものがありますが、これらを含む「官版」と区別が必要なものとして「官許」とか「官版御用」といった表記があります。前者は見返しや奥付その他でよく目にしますが、文字通り「お上から出版許可が出たものである」、すなわち「海賊版（偽刻）ではない」ということを宣言しているものであって、それ自体として幕府や公的機関の出版物であることを示しているわけではありません。

また後者は奥付でよく見ますが、須原屋茂兵衛や村上勘兵衛といった書肆が、自らが官版の印行を手がける「格の高い」出版者であることを強調しているだけの文言であり、そうした記載が奥付にあるからといって、その本自体がお上の刊行物であるかどうかは、まったくの別問題です。刊行主体をそのタームで明確に示す「官版」そのものとは意味合いがまったく違い、まあ「宮内庁御用達」のようなものですので、記録する必要性は乏しいと言ってよいでしょう。

第13章　和漢古書の書誌作成単位

和漢古書においては、物理単位で1冊ごとに書誌作成するのは不適切で、基本的にタイトル単位で作成するべきということになりますが、この章では、「和漢古書のセットもの」の書誌作成単位について述べたいと思います。

四書五経のセット

和漢古書は現代書と比べれば、シリーズやセットといった書誌階層構造を有する本は、割合としては圧倒的に少ないのですが、むろん無いわけではありません。「○○叢書」とか「○○全集」とか言った上位シリーズを有する図書も時々出てきます（ただし、これらのタイトルのものがつねにシリーズになるというわけではありません）。

そうしたもののほかに、よく目にする和漢古書で、多くの場合最初からセットものとして刊行され、当然そのように扱ったほうがよいものが2種類あります。「大学・中庸・論語・孟子」の「四書（しし ょ）」と、「易経（周易）・書経（尚書）・詩経（毛詩）・春秋・礼記（らいき）」の「五経（ごきょう）」です。この二つは、儒教の根本的な経典であり、中国でも日本でも、学問といったらまずこれらを学習することからはじまります。

もちろん、これらの個々のタイトルが単行されていることも無いわけではないにせよ、和刻本でも、何十種類もの「四書」「五経」のセットが刊行されています。そしてふつうは、書誌記述の情報源となる見返し・奥付は、セット単位で付されており、したがってセットの途中にあたる「中庸」や「論語」などにはそうしたものはまったくないのがふつうです。

それでは「四書」「五経」をタイトルとして書誌を作成し、「論語」などは内容著作とすればよいかというと、それもどうかというところがあります。和刻本では多くの場合、題簽の書名などは「改正訓点易経」「改正訓点書経」といった具合に、巻頭の書名とは別のかたちのものになっています。そうすると、内容著作の別タイトルを1書誌の中で全部記述するのでは非常に見にくい書誌になりますし、といって無視するのはもちろんそれはそれでよくありません。

何より、これらのセットが全巻揃って出てくるとは限らず、しばしば1タイトルだけが残っていたりします。こうしたものは、当然そのタイトルで書誌を作成することになりますから、まったく同じ本でもセットで残っているかどうかで全然捉えかたが違ってくる可能性があるわけです。

冊子目録の場合はそれでもあまり問題ないですが、詳しい書誌記述がなされうるオンラインデータベースにおいては、基本的にやはり「大学・中庸・論語・孟子」「易・書・詩・春秋・礼記」のそれぞれのタイトルの単位で書誌を作成し、「四書」「五経」は上位のセットの書名とする、というのが適切な処理だろうと思います。

ただし、「四書」「五経」そのものはともかく、その解説書や注釈の場合などは、1書誌にまとめたほうがよい場合もしばしばあります。こうした場合は、「四書朱子本義匯參　大學3巻中庸6巻論語20巻孟子14巻」などという具合に記録し、NACSIS-CATのように個々の巻冊次を記録する必要がある場合は、巻冊次として「大學巻之上」「孟子巻之13-14」などと記録することになります。

こうした「四書」「五経」については、出版事項や訓点者は全巻で共通することになりますが、まったく手つかずの状態で書庫にあると、これらの本は得てしてばらばらに置かれています。その際、出てきた順番にそのまま作業してしまうと、ほんらいセットものとしてまとめられるはずのものが、出版事項不明の書誌としていくつも作られてしまう、ということが起こりがちです。

ですので、和漢古書の整理をする際は、このあたりのジャンルの図書は、まずタテヨコの大きさや表紙の色、版面の具合や蔵書印などで、セットになるものがないか確認し、まとめるべきものはまとめた上で書誌作成にとりかかる、という段取りを踏むことを、強くお勧めします。

合刻の兄弟

「四書」「五経」のほかよく目にするセットとしては、漢籍では儒教の「十三経注疏」（易・書・詩・周礼・儀礼・礼記・春秋左氏伝・春秋公羊伝・春秋穀梁伝・論語・孝経・爾雅・孟子の注釈）、兵学の「武経七書」（孫子・呉子・尉繚子・六韜・三略・司馬法・李衛公問対）、和古書のほうでは「神道五部書」（御鎮座次第記・御鎮座伝記・御鎮座本記・宝基本記・倭姫命世記）「十巻章」（菩提心論・即身成仏義・吽字義・声字実相義・弁顕密二教論・秘蔵宝鑰・般若心経秘鍵）などがあります。こうしたセットに収録されている、ここにあげたような書物については、整理する際にとにかく、もともとセットで出ていたのではないかとまず確認してみたほうがよいです。

最初から『四書』『五経』といった「セットの書名」なしで、一そろいのものとして刊行される場合もあります（もっとも「四書」「五経」の場合でも、そうした「セットの書名」自体は現物のどこにも見あたらないということは珍しくありません）。こうしたものについては「合刻本」という言い方があります。

「合刻本」は、広義にはセットの書名がある場合を含めてもよいですが、その場合はセットの書名をタイトルとする上位の書誌と書誌階層を形成するかたちになるのに対し、セットの書名がない場合は、そういう具合にはいきません。後から貼られた帙題簽から親書誌の書名を採用したり、目録作成者が仮のセット書名をつけたりすることはもちろんありうるでしょうが、あまり恣意的にやりすぎるのも考えものです（〝日本古典籍総合目録データベース〟などでは、こうした場合「書名なし」という仮想の親書誌を作って階層構造化しています）。

物理的に1冊になっている場合は、「合集」として1書誌でデータを作ることになりますが、全5冊で最初の2冊がAという著作、あとの3冊がBという著作の合刻本、などという場合、やはり書誌は別々に作成し、それぞれの書誌に、「『〇〇』と合刻」といった書誌的来歴の注記をして、

「兄弟書誌」の存在を明記しておく、というやり方が適当です。個々の巻次を記録しない冊子目録などでは、1冊の場合と同じように1書誌にしていることもよくありますが、オンラインデータベースでそれを踏襲する必要は必ずしもないでしょう。

さて、これらの合刻本ですが、四書五経などの場合と同じく、合刻の出版事項も「兄弟書誌」の最初か最後にしかない場合が多いです。ですので、合刻であることを把握できないと、いたずらに「出版事項不明」の残念な書誌が増えていくことになります。整理している中でつづけて出てくればピンときますが、間隔が空いて出てくると突き止めにくいこともあり、経験を要するところです。

四書五経に関連するもののほか、よく目にする合刻本としては、和古書では『保元物語・平治物語』『辨道・辨名』（荻生徂徠）『中華事始・大和事始』（貝原恥軒）『非徴・非物篇』（五井蘭州）『作文率・文用例證』（山本北山）などが、漢籍では『帝範・臣軌』『黄帝内經素問・黄帝内經靈樞』『圓機詩學活法全書・圓機韻學活法全書』『張子全書・周子全書』（張載（横渠）・周敦頤（濂渓））『救荒野譜・救荒本草』（王西樓・徐光啓）などがあげられます。

『老子翼・荘子翼』『李太白詩・杜工部詩集』（李白・杜甫）『柳文・韓文』（柳宗元・韓愈）なども、よく読むと合刻の序跋や目次があってそこから『老荘翼』『合刻李杜詩集』『韓柳文』などと上位階層の書名を採用することができたりもしますが、こうしたものも、刊記はたいてい、合刻のセット全体で一箇所にしかありません（なお、長澤氏に「和刻漢籍の合刻本・合印本とその處理法」（『長澤規矩也

著作集 第4巻』所収）という一文があることをご紹介しておきます）。

附刻本

「合刻本」は長澤氏の『図書学辞典』にも「二、三種の本が、互に軽重の別なく、まとめて出版されたもの」（62頁）とあるように、どちらがメインということがない場合を言い、これに対し、あきらかに従属的・附録的なものが本体と別のタイトルで刊行されている場合、これを「附刻本」と称します。NACSIS-CATなどでは、おそらく「バランスしない書誌」のかたちで作成するのが最も適切でしょう。

よくお目にかかるものとしては、『韓非子』に附した『韓非子識誤』（顧廣圻）、『日本書紀』に附した『日本紀文字錯亂備考』（大関増業）、『春曙抄』に附した『枕草紙装束撮要抄』（壺井義知）、『伊勢物語古意』に附した『よしやあしや』（上田秋成）などがあげられます。

「附刻本」の出版事項は、メインのものとまったく同じ刊記があったり、あるいは全然別の年月の刊記があったりすることもありますが、本体と附刻あわせて刊記がどちらかの一方にしかない、ということもやはりよくあります。ですので、上記の合刻本の場合と同じく、関係する書誌があるのに「出版事項不明」で放ったままにしておかないよう、注意しなければなりません。

抽刻本

セットものや多巻物などで、全体の一部分のみを抜き出して刊行したもののことを「抽刻本（ちゅうこくほん）」と称します。『史記』列伝第45の「扁鵲倉公傳（へんじゃくそうこうでん）」を抽刻したものや、『延喜式（えんぎしき）』巻第9・10の「神名帳（じんみょうちょう）」のみを刊行したものなどがあり、こうした場合、何という本からの・どの巻の抽刻かということを注記しておかなければなりません（ちなみに『大学』『中庸』はそれぞれもともと『礼記』の一篇なのですが、これはさすがに抽刻本とは称しません）。

抽刻というのとはすこし違いますが、『日本書紀』は、全30巻で刊行したものより、最初の「神代」2巻のみを刊行したもののほうが多数派です。これについては、とくに注記はせず、書名として「日本書紀　神代2巻」と記録しておくのが適当だろうと思います。

セットものの作成単位

「複数の図書がまとめて出版される」合刻本と逆に、階層構造を持つセットもので、途中で出版事項が変わったり、下位の階層の書誌それぞれに個別の刊記があったりするものがあります。これらについては、書誌作成単位としては、まとめて一書誌で作成しようが、親-子のかたちで複数書誌を作成しようが、どちらかが間違いということもありません。

なので、どちらで処理しようとかまわないのですが、基本的には、それぞれの内容著作について、個別の刊記があるものが多かったり、本タイトルと異なる別タイトルがそれなりの数あったりして、一書誌で作成すると注記が非常に煩雑になる、などという場合には「親-子」のかたちで作成する、というような便宜主義的な対応方法でかまわないでしょう。

やっぱり別もの

階層構造を有するセットものというわけではない多巻物が、長い期間にわたって何回か出版される場合もあります。こうしたものには、途中で書名が変わるものと変わらないものがあり、書誌作成単位の捉えかたもそれによって異なってくることがあります。

「途中で書名が変わるもの」については、その前と後とでそれぞれに異なった見返しや刊記があるのであれば、当然別々に書誌を作成することになり、後のほうの書誌に「『○○』の續編」などと注記することになります。ただし、出版事項が基本的に同じで、巻次が通しになっている場合などは、「第10~20巻の書名:××」などと注記して、1書誌としたほうが適切でしょう。

微妙なのは、書名もしくは巻次が途中から「續~」「~續編」「~後編」などとなっている場合です。和漢古書の場合、通常はそれで別書誌を作ったりせず「博物志 10巻續10巻」という具合にしたりしますが、出版事項ほかが異なっていて、1書誌にすると記述があまりにごちゃごちゃするような場合は、別書誌としておくほうが適切だろうと思います。そうした例として、たとえば、『道二翁道話』『道二翁道話續編』(中澤道二)、『文話』『續文話』(齋藤拙堂)、『農家益』『農家益後篇』『農家益續篇』(大藏永常)、『(正)文章軌範』『續文章軌範』などといったものがあげられます。

なおもちろん、たとえば『續古今和歌集』『續高僧傳』のように、内容・成立から言って、最初からもとのものとは別の著作として扱うべきという場合もしばしばありはします。

いつまでつづく?

「途中で書名が変わるもの」に対し、「途中で書名が変わらないもの」のほうは、原則としては1書誌で作成し、途中で出版事項が変わる場合は、「第15～20巻の出版者：～」「3編（巻第7～9）の出版事項：～」などと出版の注記を行うことになります。

もっとも、後者の例のような、こうした「巻」より大きなまとまりを示す「～篇」「～輯」などの扱いも微妙なところがあります。通常は「和説假名論語　前編3巻後編3巻三編3巻」という具合に「巻数と連動する部編名」として巻次の一部を構成すると考えてよいでしょうが、書名の一部になると見なしたほうがよい場合もあります。そうすると、「～編」まで含めて書名と考えるのであれば、「途中で書名が変わるもの」として考えるべき、ということになります。

そのように考えないにしても、読本などの大長編になると、巻より大きなまとまりとしての「編」が10編前後もあって、各編ごとに出版者の増減や変更がある、などということもよくあります。そうなってくると、その情報を1書誌で記述するというのはたいへんなわけで、むしろ「編」ごとに、あるいは刊記が変わるごとに別書誌にしてしまう、といったやり方もありそうです。

ちなみに、有名な曲亭馬琴（きょくていばきん）の『里見八犬傳』9輯98巻は、最初のうちは各輯5巻くらいのペースで発行されていますが、第8輯は上下に分けられた上でいくつかの巻も「第8輯巻之4上」「第8輯巻之4下」などという具合に分割されだし、第9輯に至っては、巻より大きなまとまりが「上套」「中套」「下套上」「下套中」「下帙下甲」「下帙下乙上」「下帙下乙中」「下帙下編上」「下帙下編中」「下帙下編下」という具合につづいていき、全106冊のうち半分以上が第9輯に入るという、何とも奇々怪々な構成になっています。「9輯」で完結させることにこだわったのでこうなってしまったということだそうで、もうちょっと最初から何とかならなかったのかと思わざるをえませんが、まあ人気作品というのは得てしてこんな具合になってしまいがちなのでしょうね。

第14章　和漢古書目録作成における漢字入力

この章では、和漢古書の書誌をオンラインデータベース上に作成するにあたって、現代書とは状況が多少違う部分もある文字入力について、注意しておくべきことを述べます。

巳已己の区別

現代書において、別々の文字である「巳・已・己」の区別に神経を使う、というような話はよく聞きます。現代書の活字フォントでは、この3文字、左上の空隙の有無でしっかり区別されますが、和漢古書の場合を考えてみてください。和漢古書の場合、文字は毛筆による手書きだったり、版木に手彫りで彫られていたりします。

ということで、容易に想像のつくとおり、「安永己亥」とあるはずのところが、どう見ても「安永巳亥」となっていたり、「天明乙巳」とあるはずのところが「天明乙已」となっていたり、跋文が「俟他日之校正而已」（他日の校正を俟（ま）つのみ）で終わっているはずが「俟他日之校正而己」としか見えない、などということがざらにあります。

現代書であればこれらは誤植と見なすことになるでしょうが、和漢古書の場合そのように見なしてよいでしょうか。もし誤記と見るとなると、この3文字にかぎらず、和漢古書は誤記だらけということになります。

もちろんそんなことは不合理であって、手書きもしくは手彫りの文字の性格として、この場合の左上の空隙の有無といった細かい相違は、字そのものの違いを決める要素にはならない、と考えなければなりません。

すなわち、「巳」に対する「已」「己」、「已」に対する「巳」「己」、「己」に対する「巳」「已」は、手書き・手彫りの世界では、字形のわずかなユレと見なすべきものであり、別字（異なる字）と見るべきではありません。ですので、現物に「巳」とあろうと「已」とあろうと「己」とあろうと、それらは「巳」「已」「己」どれである可能性もある、ということになります。

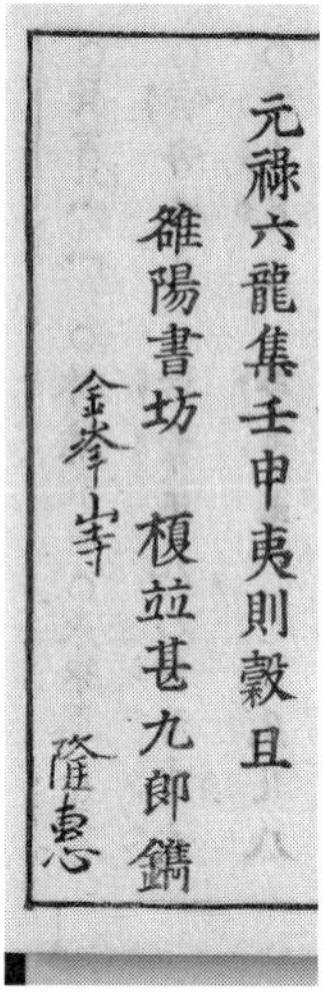

▼図14-1　「穀且」ではなく「穀旦」。「穀」は善い・幸いの意。『妙法蓮華經讀誦音義』国立国会図書館所蔵。

ということで、和漢古書においては、こうした文字について、字形のわずかな相違に注意するのではなく、意味的にどの字として使われているかを、それぞれの出現箇所において個別に判断して入力しなければなりません。字形の細かい違いに注意しなさい、という世界から、さらにまた一ひねりというわけですね。

「巳」「已」「己」のような事例は他にもあり、たとえば「于」と「干」、「旦」と「且」など、和漢古書の世界では、しばしばお互いに厳密に区別されずに使われています。刊記に「寶暦十二年壬午孟春吉且」と書いてあるように見えたとしても、「吉且」では意味が全然通りませんので、「寶暦十二年壬午孟春吉旦」と記録しなければなりません。

字体・字形と包摂

上記の例など、「転記の原則」に反するのでは、と思われる方もいるかもしれませんが、『異体字解読字典』（柏書房）などといった参考図書を見ればわかりますが、手書き・手彫りの世界では、多くの字に実にさまざまな異体字があります。そうした異体字にはもちろん、本字とは別の字としてコンピュータで扱える文字となっているものもありますし、なかには「己」「旦」のようにそれが他の字とまったく同じ字形になっているものもあります。ですが、多くの異体字は現時点ではコンピュータで文字として扱えるようになっていないのですから、そういう状況下で、現代書と同じような「転記の原則」を原理的に運用しようとするのは、そもそもナンセンスなのです。

完全にカタチ（形）に基づく「転記の原則」が成り立つのは、ある字のカタチが、他と区別されるものとしてユニークに決められている現代書の活字フォントの世界のみにおいてであって、和漢古書においては、意味（義）を考え合わせた上での「転記の原則」に基づいて、入力作業を行っていかなければなりません。

字体や字形が異なっていても同じ字であるとして扱う（コンピュータ上の処理において同じ番号を与える）ことを包摂（ほうせつ）と言います。日本産業規格（ＪＩＳ）において包摂基準というものが定められており、大半は字形の軽微な違いということで得心がいきますが、なかには「歴」「暦」の「たれ」の内がわの上部がほんらいは「禾」二つなのを「木」二つのものに包摂するなど、ほーそこまでやるんだと思うようなものもあります。

手書き・手彫りの世界において、現物にある字形がどの文字に包摂されるかを考える場合も、基本的にこのＪＩＳの基準に沿って考えてよいと思われますが、多くの異体字はコンピュータでいまだ扱えないという状況下では、包摂基準はゆるめに運用すべきかと思います。現時点においてコンピュータで扱えない異体字は、可能であれば本字に置き換えて入力したほうが、ガチガチな姿勢で、基準に沿わないからと言ってゲタのままにしておくより、はるかによいでしょう。

包摂とはいろいろな字形・字体のものを一つにユニファイするものであり、「転記の原則」とある意味で表裏の関係にあると言えます（なお、ここで問題となるのはあくまで字形・字体であって、書体（楷草行）やフォントデザインとはまったく別のものであるのは言うまでもありません）。「巳」「已」「己」については、現代では包摂されませんが、手書き・手彫りの世界では、それぞれがそれぞれに包摂されている、というふうに理解することもできるでしょう。

また、いわゆる変体仮名は、ＮＣＲにおいては平仮名に置き換えることになっていますが、ＪＩＳにおいては（字形の違いというわけではありませんが）ふつうの平仮名に包摂されている、と捉えることもできます。もっとも、ユニコード環境においては変体仮名をそれ自身として別に収録する方向になりつつあるようですが、ただ次に見るように、文字コード番号が与えられればそれで一丁あがり、ということになるわけではありません。

異体字の深淵

漢字の本字と異体字の関係には、いろいろなパターンと捉えかたがあります。「讀」に対する「読」、「傳」（「傅」ではありません）に対する「伝」、「寶」に対する「寳」「宝」など、正字に対する略字というものが多いですが、「富」に対する「冨」、「場」に対する「塲」、「解」に対する「觧」などは、略字というより通俗字・別体字と言うべきものです。旧字と新字（常用字）、中国・台湾における繁体字と簡体字の関係も、これらと重なり合う場合もあれば微妙にずれる場合もあります。

また歴史的経過のなかで、ほんらい別々の意味だったものが、今日では同じ字の異体字としてのみ捉えられている場合（「脩」と「修」など）もありますし、逆にもともと同じ字の異体字だったものが、今日では別々の文字として使われている場合（「弔」と「吊」など）もあります。

さらに「同形異字」というケースもあり、「芸」は「藝」の新字体であるとともに「ウン」というまったく別の字でもありますし、「叶」は「葉」の簡体字であるとともに「キョウ・かのう」というまったく別の字でもあります。「巳・已・己」「旦・且」などは、手書き・手彫りの世界においてはこの「同形異字」の範囲が広いのだ、と捉えてもよいかもしれません。

ＪＩＳも第二水準までいけば収録字数も多く、それなりの数の旧字・異体字も扱えるようになっています。常用字体と微小な相違のある「舍（舎）」「衞（衛）」「卷（巻）」などの正字は、ＪＩＳ第二水準までに含まれていますので、現物にそのようにあれば新字体に置き換えずに入力すべきでしょう。

もっとも、ＪＩＳの収録基準はいささかあいまいで、「鄧」「郝」「琦」といった漢籍ではよく見る文字が収録されていないのはちょっと困りものですし、なぜあっちの異体字は収録されていてこっちの異体字は入っていないのかな、と思うようなことも時々あります。たとえば、「曽」と「曾」は両方ともＪＩＳ内字ですが、「増」に対し「增」はＪＩＳには収録されていません。「将」と「將」も両方ともＪＩＳ内字ですが、「蒋」はＪＩＳ内字で「蔣」はＪＩＳ外字です。あるいは、「疎」「疏」は両方ともＪＩＳ内字ですが、「踈」はＪＩＳ内字で「蹝」はＪＩＳ外字です。

また、「事」の異体字の「亊」はＪＩＳ内字ですが、「叓」のほうはＪＩＳ外字です。「狭」と「狹」、「峡」と「峽」は両方ともＪＩＳ内字ですが、「夾」はＪＩＳ内字で「夹」はＪＩＳ外字、「侠」はＪＩＳ内字で「俠」はＪＩＳ外字、という具合になっています。

正規化の問題

ＪＩＳで扱えない文字も、最近ではユニコード環境で大半が入力できるようになりました。しかし、手元のコンピュータ環境で入力できるからと言って、深く考えずに「転記の原則」にしたがって入力していくのも問題です。

まず一つには、それが環境依存文字である可能性があることです。よくあげられる例として、「崎」の右上が「大」ではなく「立」になっている文字や「はしご高」などは、機種や環境によっては入力・表示できません。一般的なコンピュータ環境で文字化けしてしまったりコード表示されてしまったりする可能性がある漢字の場合は、対応する本字（「崎」「高」）やＪＩＳ内の異体字（「嵜」）のほうを入力しておいたほうが安全です。

もう一つは、検索にあたってその文字が本字と同一視されているか、すなわち漢字の正規化処理がなされているかという問題です。「体」と「體」、「龍」と「竜」とで同じ検索結果になるように処理しているか、という話ですね。前述の変体仮名が実装されるとしても、当然このあたりの正規化処理が必須になるわけです。

この正規化の方式はシステムやデータベースによって異なり、新字――旧字はたいていどのシステムでも正規化していますが、異体字の扱いなどでは違いがあることがあります。たとえば、ほんらいまったく別字であるところの「斎（齋）」と「斉（齊）」とはTRC–MARC（tool-i）では正規化していませんが、NACSIS–CAT（CiNii）では正規化しています。

また、上述のように、現在ではまったく別々のものとして扱われている文字が歴史的には同じ字の異体字として扱われていたということもあったりしますので、今日では異体字とはされなくても正規化している場合もあります。NACSIS–CATの「漢字統合インデクス」で「着・著・箸」を統合している例などは、まさにこの理由によると思われます（しかし、あまり正規化をやりすぎると検索ノイズが増えてしまうという問題はつねについてまわります）。

いずれにしろ、異体字の入力にあたっては、検索の便宜を考え、一般的に正規化されていないであろう可能性があるＪＩＳ外字はなるべく使わないほうがよいでしょう。冊子目録であれば外字を作成して「現物にある通り」に表記させることも問題ないでしょうが、オンラインデータベースへの入力においては、ユニコードで入力できる文字でも、それが漢字統合の対象外であれば、ＪＩＳ内の本字のほうを入力しておくべきだろうと思います。

たとえば「校正」の「校」は、木偏が手偏になっている「挍」という異体字も実際にはよく使われていますが、NACSIS-CATはじめ一般的には「校」に正規化されていないので、手元の端末で入力できるからといって、この文字を転記して入力するのは控えたほうがよいでしょう。「挍正〜」と入力してしまっていると、「校正＊」とタイトル検索してもヒットしない、というはなはだよろしくない状態になります。

こうしたものとして和漢古書でよく目にする異体字としては、ほかに「敵」に対する「敵」、「算」に対する「筭」、「答」に対する「荅」、「第」に対する「苐」などがあります。もしタイトル等でこれらをそのまま転記して入力したいというのであれば、検索に支障をきたさないよう、常用字体のかたちを別に入力しておかなければなりません。

「刋」の状況

ＪＩＳに収録されている文字でも、包摂基準などに照らしてもなぜ収録されているかよくわからないような「正字でない」漢字は、正規化されているかどうか不確かなことも多く、常用字体や正字体で入力しておいたほうが無難です。たとえば、右肩に点を付した「土」の異体字はＪＩＳにないのに、「叓」の異体字の「叓」はＪＩＳ第二水準にあったりしますが、「叓」のほうが正字というわけでもないので、まあふつうに「叓」で入力しておいてよいでしょう。

とくに複雑な状況なのが「刋」という文字で、「刊（kan）」の異体字（俗字）であるとともに、「セン（qian）」というまったく別の字でもあります。『大漢和辞典』（大修館書店）では「セン」のほうの具体的な用例はあげられておらず、異体字関係については「刊」の譌字すなわち誤字であるとして片付けられています。

ユニコード環境においては、同じユニコード番号が与えられた同形異字という関係になりますが、ＪＩＳにおいては、字典類を見ても「セン」のヨミしか与えられておらず、あくまで「セン」として収録されているようです（実際、異体字ということであれば、「方向・曲直などの点画の性質による違い」は包摂される、というＪＩＳの包摂基準に照らせば「刊」に包摂されて問題ないはずですから）。

そして、NACSIS-CATの「漢字統合インデクス」では「刊」「刋」「栞」は統合されているのに対し、〝全國漢籍データベース〟では「刊」「栞」は正規化されていますが、「刋」は正規化されていなかったりします。ということで、現物に「刋」とあっても、「刊」の異体字として使用されているのであれば、もともと譌字だということでもありますし、あえて「刋」を使用せずに「刊」で入力しておいたほうがよさそうです。

ちなみに、JISに収録されている「本」という字も、もともとは「トウ（tao）」という別の字ですが、ほとんどの場合「本（ben）」の異体字として使われていますので、これも同様に「本」で入力しておいてよいでしょう。

二重に需められて

検索・内部処理にあたっての正規化ではなく、別字として入力しても包摂の適用によってシステムで自動的に統合されるような場合もあります。たとえば、NACSIS-CATでは、JISの包摂規準に準拠して、別のユニコード文字番号を持つ「綠」と「緑」とは、「緑」に統合されて表示・内部処理されます。

さきにあげた中のJIS外字で言えば、NACSIS-CATでは、「增」は「増」に自動的に置き換えられ、「蔣」は「蒋」に正規化されていますので「蔣」のまま入力してよいですが、「䟽」は「疏」に正規化されていませんので「疏」で入力しておくべき、ということになります。

以上、和漢古書の手書き・手彫りの漢字の入力にあたって、オンラインデータベースへの入力においては、「転記の原則」を単純には適用できません。まず対象の文字を、カタチのみならず意味をも踏まえてどの文字と認定するかに始まり、その文字が現在のコンピュータ環境において扱える文字か、そして検索にあたって支障をきたさないか、というところまで確認・判断して入力していかなければなりません。どの文字が文字セットにあるか、どの文字が正規化されているかは、ともに基準にあいまいなところがあり、多分に偶然によるとさえ言えるような気も正直するのですが、とにもかくにもこの二重のあいまいさをしっかり認識して作業していくことが需(もと)められるのです。

おわりに――これからの和漢古書目録作成

元来、古典籍の伝統においては、目録自体「読む」対象になるものであり、わたしが和漢古書の目録について学び始めたとき――当時はまだ基本的に冊子目録・カード目録の時代でしたが――、先生に言われたのは「目録を読めばどういう図書かわかるように記述しなさい」ということでした。もちろん、このことはすくなくとも根本的な姿勢として、今日でも有効な指針となるものです。

一方で、保存と活用を両立させる手段として、デジタル撮影して画像を作成・公開することが、近年急速に広まっています。資料現物ではなくデジタル画像を利用してもらうようにすることによって、より安全な状態での保存が期待できますし、利用者にとっても、わざわざ来館せずともネットにつながってさえいれば地球上のどこからでも閲覧することができるようになるわけで、飛躍的に便利になります。画像の拡大や加工によって、肉眼では確認しづらかった内容を把握できるようになることもあるでしょうし、とくに和漢古書の場合、あちこちに所蔵されている刊本の各アイテムを、自宅や研究室にいながらにして画面上で比較検討できるのは、書誌学的研究に資すること大だろうと思われます。

版式とか表紙の色や模様などは、それを的確に表現するのに歴史的にいろいろ記述がくふうされてきたわけですが、デジタル画像があれば一発で実態が伝わります。もともと縦書きされている和漢古書の情報を横書きのウェブの画面上に表現するにはそもそも無理があるわけで、見返しや刊記の字配りや字体などは、どんなにがんばっても文字記述では再現性に限界があります。こうしたことにかんしては、文字での記述にエネルギーを注ぐよりも、画像をして語らせるほうがはるかに有効でしょう。

もちろん、ただ画像を保存してネットにアップするだけでは有効な利用に供せませんので、資料のメタデータすなわち目録を作成・公開して、画像データにアクセスしてもらうことが今後とも重要になります。目録というものは発見・識別・選択・入手という利用者タスクに対応するものでなければならない、とＮＣＲ２０１８が依拠しているところの『書誌レコードの機能要件』（ＦＲＢＲ）にある通り、検索・同定に必要十分な情報を有していることが個々のレコードに求められるのはもちろんですが、それにとどまらず書誌データベースそれ自体が計量的な分析・処理の対象になるということを、もっと意識する必要があろうかと思います。

冊子目録と異なるオンラインデータベースの大きな特徴としては、ランダムアクセスが可能、すなわち排列・索引が不要ということに加え、さまざまな論理演算の結果集合を瞬時に作れるということがあります。和漢古書に即していえば、ある著作者の著作物はどの年代にどこから出版されているかとか、ある版元がどの年代にどの版元と共同で出版物を刊行しているかとか、ある蔵書家のコレクションが現在どこに分散しているかとかいったようなことです。こうした結果集合を作り出す、言い換えればさまざまな統計情報を引き出すのに最適なように、著者・出版者・叢書などの典拠ファイルを具えたかたちでデータベースが設計されている上で、なるべく不足やノイズが出ないように適切な位置に入力者が記述を行うことこそが、今後とも求められるのだろうと思います。

和漢古書のオンラインデータのこれからのありうべきかたちとしては、リンク関係を張り巡らせたメタデータ（目録）・デジタル画像・全文テキストがそろったものということになるでしょうが、データベースの設計においてもデータの入力においても、検索の精度と統計処理を意識することが必要であり、したがって「読む目録」をコンピュータに移し替えただけの、すべてを注記事項に押し込んだような目録ではやはり問題でしょう。ただ、残念ながら、そうした統計処理をじゅうぶんに意識して設計された和漢古書の総合的なデータベースというのは、現在のところまだ存在していないようですので、今後の改修・開発を期待したいところです。

それにあたって検討すべき課題として、①アイテムどうしの関係を表現するために、和漢古書においても体現形レベルでのデータを整備していくことも視野に入れること、②印記や書き入れをベースにした旧蔵者の典拠ファイルを用意すること（ただ、現代書として整理されている明治期の図書などにも蔵書印が捺されたりしているケースは実態として結構あるのですが）、③序跋についても目録記述対象とし記述法を整備すること（序跋の執筆者は Dublin Core で言うところの Contributer（寄与者）に該当すると言えると思われます）、といった点を挙げておきます。

和漢古書の書誌データをコンピュータに登録するという作業は、この20~30年で相当進展し、目録の電算化ということだけについて言えば、主要な所蔵機関においてはもう山は過ぎたと言っていいのかもしれません。しかし、デジタル画像化と全文テキスト化はこれからが本番です。初期にデジタル画像化されたものは白黒だったり画質が悪かったりしていて、できれば再撮影が望ましいものも多数あります。また、未整理のものについて、最初にデジタル撮影をしてしまってとにかくまず画像を保存し、メタデータや全文テキストは基本的にその画像から作成するという手順をとるということも大いにありうるでしょう。

撮影したデジタル画像を検討・比較することによって新たに知見が得られることも多数あるでしょうし、それ以前に、これまでに入力された書誌データで過不足ないと言えるものは必ずしも多くはありません。そもそもNCRの規定自体、とくに和装現代書の情報源や出版事項等においても問題がいくつかあることは、これまで指摘してきたとおりです。

ということで、今後も目録記述を見直して加筆修正する必要というものは当然出てくるでしょうし、上記のような総合目録を構築し直すということになればなおさらです。そうした意味で、全国に多数存在している和装本について、未整理のものも整理済みのものも、作業としてやるべきことはまだまだたくさんあるのだろうと思います。

図書案内――より詳しい知識を得るために

・『漢籍整理法』長澤規矩也著、汲古書院、1974
・『図解古書目録法』長澤規矩也著、汲古書院、1974
・『図解和漢印刷史』長澤規矩也著、汲古書院、1976
・『古書のはなし――書誌学入門』長澤規矩也著、冨山房、1976・1994新装
・『新編和漢古書目録法』長澤規矩也著、汲古書院、1979
・『新編和漢古書分類法』長澤規矩也著、汲古書院、1980修
・『長澤規矩也著作集』（1～10・別巻）長澤規矩也著、汲古書院、1982～1989
・『和漢古書目録法の知識』矢島玄亮著、萬葉堂書店、1976
・『中村幸彦著述集』（1～15巻）、中村幸彦著、中央公論社、1982～1989
・『図説中国印刷史』米山寅太郎著、汲古書院、2005（汲古選書）
・『図説韓国の古書』安春根著・文嬿珠訳、日本エディタースクール出版部、2006
○『漢籍版本入門』陳国慶著・沢谷昭次訳、研文出版、1984（研文選書）
・『日本古典書誌学総説』藤井隆著、和泉書院、1991
・『日本書誌学を学ぶ人のために』廣庭基介・長友千代治著、世界思想社、1998
・『江戸の本屋さん』今田洋三著、日本放送出版協会、1977／平凡社、2009（平凡社ライブラリー）

○『江戸の板本――書誌学談義』中野三敏著、岩波書店、1995・2010復刊・2015（岩波現代文庫）
・『江戸の出版』中野三敏監修、ぺりかん社、2005
・『和本の海へ』中野三敏著、角川学芸出版、2009（角川選書）
・『和本のすすめ』中野三敏著、岩波書店、2011（岩波新書）
・『モノをいう落款』北川博邦著、二玄社、2008
・『幕府のふみくら――内閣文庫のはなし』長澤孝三著、吉川弘文館、2012
・『図書大概』大沼晴暉著、汲古書院、2012
・『書庫渉獵――宮内庁書陵部』櫛笥節男著、おうふう、2006
○『和本入門』橋口侯之介著、平凡社、2005・2011（平凡社ライブラリー）
○『続和本入門』橋口侯之介著、平凡社、2007・2011（平凡社ライブラリー）
○『和本への招待』橋口侯之介著、角川学芸出版、2011（角川選書）
・『書誌学の回廊』林望著、日本経済新聞社、1995／講談社、2000改題（講談社文庫）
・『書藪巡歴』林望著、新潮社、1995・1998（新潮文庫）／筑摩書房、2014増補（ちくま文庫）
・『漢籍はおもしろい』武田時昌等著、研文出版、2008
・『書林の眺望』井上進著、平凡社、2006
・『書誌学のすすめ』高橋智著、東方書店、2010（東方選書）
○『海を渡ってきた漢籍』高橋智著、紀伊國屋書店、2016
○『絵図学入門』杉本史子等編、東京大学出版会、2011
・『図書学入門』藤森馨著、成文堂、2012

。『書誌学入門』堀川貴司著、勉誠出版、２０１０
・『はじめての漢籍』東京大学東洋文化研究所図書室編、汲古書院、２０１１
・『和書のさまざま』国文学研究資料館編、和泉書院、２０１５
・『漢籍と日本人』勉誠出版、２００６（アジア遊学93）
・『漢籍と日本人Ⅱ』勉誠出版、２００８（アジア遊学１１６）
・『日韓の書誌学と古典籍』勉誠出版、２０１５（アジア遊学１８４）

※「。」のものは詳細な参考文献つき

索引

著者プロフィール

伊藤 洪二（いとう・こうじ）

1971年、東京都生。

早稲田大学第一文学部文学科中国語中国文学専修卒業。

東京大学大学院人文社会系研究科アジア文化研究専攻中国語中国文学修士課程修了。

1998年、株式会社図書館流通センターに入社。TRC-MARC準拠目録データ作成業務・NACSIS-CAT目録登録代行業務に従事し、公共図書館・大学図書館蔵書延べ数万点の和漢古書目録作成に携わる。現在、同社・学術情報ソリューション担当部長。

2017年よりTRC-ADEAC株式会社取締役を兼任。

図書館のための和漢古書目録法入門

2019年11月12日　初版第1刷発行

検印廃止

著　者© 伊藤洪二
発行者　大塚栄一

発行所　株式会社 樹村房
〒112-0002
東京都文京区小石川5丁目11番7号
電話　03-3868-7321
FAX　03-6801-5202
http://www.jusonbo.co.jp/
振替口座　00190-3-93169

組版・印刷／美研プリンティング株式会社
製本／有限会社愛千製本所

ISBN978-4-88367-329-2